続

BANGKOK

バンコク不動産投資

実践編

藤澤慎二 著

セルバ出版

まえがき

前著書の「バンコク不動産投資」では、副題：日本人投資家がコンドミニアム購入で失敗しないための基礎知識、として、主に投資の「入口」について基礎的な事項を中心に解説しました。しかし、不動産投資は「運用」と「出口」の一連のプロセスを終えて初めて完結します。

そこで、本書では前回からさらに踏み込んで、それぞれ「入口」、「運用」、「出口」の過程でのより実践的な内容を解説していきます。そして最後に、２００９年に購入し２０１７年に売却して8年間の投資を完結させた、筆者にとっても思い入れのあるバンコクで最初のコンドミニアム投資の経験談を通して、投資の現場からの実践方法を解説します。

ところで、筆者がバンコクで最初のコンドミニアムを買うことに至ったきっかけは、何回かバンコクを訪れているうちにこの街の魅力に気がつき、それなら試しに1つ買ってみようという気になったからです。

随分単純なようにも思えますが、当時の筆者は国際不動産投資ファンドでアセットマネジャーをしていて、客観的に見て個人の海外不動産投資は、ハイレバレジをかけて投資効率を最大限まで追求する機関投資家に比べると非効率で、ＩＲＲ20％などという高いリターンを出すのは到底無理だと思っていたし、その考えは今でも同じです。

「投資する不動産が海外にあることが海外不動産投資の最大のリスク」と前著書の冒頭でも書き

ましたが、その市場構造や特性の違い、言葉や文化、取引習慣の違い、著しく離れた距離、そして需要と供給のミスマッチによる空室リスクや為替リスク、日本国内での不動産投資に比べてその物件が海外にあるというだけで非常に大きな制約とリスクがあるわけです。

例えば、筆者がちょうどこの原稿を執筆中に、三井不動産がタイの大手デベロッパー、アナンダーと最初に開発した大型プロジェクト、アシュトンアソークが竣工したにもかかわらず、引渡しの目途が立たないという問題が起こりました。

この問題については、第1章8項で詳しく書きましたが、同物件は多くの日本人投資家も購入していて、この先、どうなるのかと不安をつのらせています。

アセアン諸国の中では透明性が高いといわれるバンコク不動産市場ですが、実際にはこういうトラブルは今も現実に起こっているのです。

したがって、本書の読者として想定している予算が数千万円規模の個人投資家にとって、それに要する手間暇やリスクを考えたら、海外不動産は決して投資効率は良くありません。リターンだけが目的であれば、むしろタイのＲＥＩＴを買えばいいし、不動産会社の株を買うという手もあります。

それにもかかわらず、どうして個人投資家はわざわざ海外不動産投資をするのでしょうか。それはやはり、その国や街が好きで投資家の思い入れや憧れといったメンタルバリューがあるからこそ、敢えて換金流動性が悪い不動産という現物資産を海外で持とうとするのだろうと思うのです。

少なくとも筆者にとってのバンコク不動産投資はそうです。この街が持つ喧騒と混沌の中でこれから何かが起こりそうなわくわく感とどこかホッとする倦怠感、そして人口800万人を擁する大都会の緊張感とそれでいて南国特有のマイペンライ文化の安堵感。東京にはないものがたくさん詰まった魅力的な街なのです。

また、タイはもう何年にもわたり世界で日本人が最も住みたい国の1つとして人気があり、とにかくタイが好きだ、バンコクが好きだ、という日本人がいっぱいいます。そして、筆者もそうだったのですが、そういう人達はいつかはここでロングステイしてみたい、働いてみたいと思うようになり、それならまずここで不動産投資をしてみようと考えるようになるのです。

本書では、そういう個人投資家の人達が大きな失敗をせず、十分満足できる投資リターンを実現させられる一助になればと、その実践方法を書いたつもりです。

２０１８年４月

藤澤　慎二

続・バンコク不動産投資　実践編　目次

第2章　これからコンドミニアム市場で何が起こるのか

第3章　投資に役立つ事前知識

第4章　投資の「入口」戦略

第5章 投資の「運用」戦略

第1章

今、バンコクコンドミニアム市場で何が起こっているのか

The Room Sukhumvit 69, プラカノン
市場価格　１７万～１８万バーツ/㎡

1　続々と進出する日系不動産会社

タイ、フィリピン、ベトナムが注目される

２０２０年の東京オリンピック開催を待たず、日本の大都市不動産市場の一部に天井感が出てきた今、個人投資家の間で次のターゲットとして人気が出てきつつあるのが、東南アジアを中心とする海外不動産です。

しかし、価格高騰や外国人の不動産購入に対する規制強化等もあって香港、シンガポール、マレーシア市場はやや旬を過ぎた感があり、今はタイ、フィリピン、ベトナムが注目されています。

そして、日本人がロングステイ先として住みたい国、常連3トップの1つとして、マレーシア、ハワイとともに毎年定位置を占めるタイですが、その不動産市場の透明度や成熟度がフィリピンやベトナムより高いこともあり、ここ数年、特に２０１４年5月の軍事クーデター以降、香港、シンガポール、台湾、そして最近は中国からの外国人投資家が急増しつつあります。

そんな中、２０１７年から日系不動産デベロッパーも続々とバンコク進出を始め、この流れは今も続いています。本書の原稿を書いているのが２０１８年の4月ですが、東京建物とレイモンランドの合弁を始め今もいくつかの日系企業がバンコク進出を検討中との情報が筆者の耳にも入ってきています。

〔図表1　日本人がロングステイしてみたい国〕

RANK	2011	2012	2013	2014	2015	2016
1	マレーシア	マレーシア	マレーシア	マレーシア	マレーシア	マレーシア
2	タイ	タイ	タイ	タイ	タイ	タイ
3	ハワイ	ハワイ	ハワイ	ハワイ	ハワイ	ハワイ
4	オーストラリア	オーストラリア	オーストラリア	オーストラリア	オーストラリア	台湾
5	カナダ	ニュージーランド	ニュージーランド	カナダ	フィリピン	フィリピン
6	ニュージーランド	カナダ	フィリピン	ニュージーランド	ニュージーランド	オーストラリア
7	インドネシア	フィリピン	シンガポール	シンガポール	カナダ	カナダ
8	フィリピン	シンガポール	アメリカ本土	アメリカ本土	シンガポール	シンガポール
9	台湾	インドネシア	カナダ	フィリピン	台湾	インドネシア
10	シンガポール	台湾	インドネシア	インドネシア	インドネシア	ニュージーランド

ロングステイ財団調べ『ロングステイ希望国・地域2016』

　しかも、不動産デベロッパーだけでなく、今後は海外部門を持つリストサザビーズ等の日系不動産エージェントも進出してくるようです。その結果、日本国内でもこれからバンコクのコンドミニアムが積極的にマーケティングされることになり、日本の個人投資家もさらに増えてくると筆者は考えています。

日系デベロッパーと現地の市場動向

　さて、図表2の朝日新聞の記事は2018年2月のものですが、続々とバンコクのコンドミニアム市場に参入してくる日系デベロッパーと、現地の市場動向について書いています。

　当時、この記事を書いた記者は筆者のところにも取材に来ましたが、同じころ、筆者がバンコクで連載記事を書いているビジネス雑誌でも、タイに進出してくる日系デベロッパーの動向について、なぜ今バンコクなんだ?、と興味をそそられていたようで

〔図表2　2018年2月の朝日新聞記事〕

2018年（平成30年）2月2日（金）　朝日新聞

けいざい＋ WORLD

タイのマンション過熱

若者が下支え 日本も続々参入

世界的な低金利により流れ込んだマネーを背景に新興国の不動産市場が過熱している。タイ・バンコクでは毎年4万戸以上のマンションがつくられ、価格は約10年で1・7倍に。波に乗ろうと日本企業も続々と参戦している。若者を中心に底堅い需要がある一方、リスクも指摘されている。

バンコク中心部スクンビット通り周辺では高層マンションの建設が続く。街中の看板には、きらびやかな完成予定図とともに、「豪華で快適な生活を500万バーツ（約1730万円）から」「最適の立地　素晴らしい部屋　430万バーツから」といったタイ語や英語の文句が並ぶ。

「今は不動産過熱のまっただ中。バンコク中心部では、1平方メートルあたり20万バーツ（約70万円）以上の高級コンドミニアム（マンション）もすぐに予約で埋まる」と、マレーシア系銀行CIMBでタイの不動産部門代表を務めるアモーンテップ・チャウラ氏は話す。

タイ中央銀行などによると、バンコクで2016年に新しくできたマンションの部屋数は07年の3倍の約4万1千。価格は09年から17年に約7割上昇した。

チャウラ氏が注目するのは、シンガポールや香港などの外国人投資家。タイの法律では、外国人は原則土地を所有できず、マンションも容積全体の半分以上はタイ人が所有しなければならない。チャウラ氏によると、立地や条件が良い物件は「外国人枠」がすぐに埋まってしまうという。

一方、タイの国立不動産情報センターなどによると、購入される物件の約4割は、1部屋100万～300万バーツ（約350万～1千万円）。購入者の4割は25～34歳だ。タイの大手不動産コンサル会社AREAのポーンチョクチャイ代表は、「タイの若者の不動産購入も活況を下支えしている」と説明する。

バンコク中心部ではあちこちで工事が進む。建設中の高層ビルも多い＝染田屋竜太撮影

そんなバンコクに熱い視線を送っているのが日本の不動産業界だ。

野村不動産は昨年8月、バンコクで地元不動産会社オリジンと組んだ計約2千戸の分譲住宅事業を発表した。同年、阪急不動産は約2千戸の分譲マンション計画、住友林業も約400戸の高級分譲マンション事業を打ち出した。いずれもタイ初進出だ。

日本の住宅市場は将来頭打ちだ。社会保障・人口問題研究所によると、日本国内の世帯数は19年以降、減少する見通し。みずほ総合研究所は、年間約84万戸の新設住宅の着工が30年ごろに30万戸程度まで減少する可能性があると予測する。

なぜ、タイなのか。野村不動産住宅事業本部の東伸明氏は「経済が成熟し富裕層が多い一方、不動産需要の勢いもある。非常にバランスがとれた市場」と話す。

17年、分譲マンション事業としてタイに初進出した東急電鉄は、大手サンシリと協力し、バンコク中心部にマンション事業を計画。269戸は2日で予約がほぼ埋まった。

プロジェクトを率いる東急・国際事業部の須山真慈課長は、「将来の成長が期待できるベトナムも魅力的。だが、短期で考えれば、タイはそれをしのぐ」と話す。

懸念材料もある。CEICデータ社によると、タイの家計債務は16年に約11兆バーツ（約38兆円）。国内総生産（GDP）の79%にあたり、アジアでは韓国（95・6%）やマレーシア（88・3%）に次ぐ。

不動産を専門にするタイ・シラパコーン大学のバタヤスポーン准教授は「借金をしてでもものを買おうというタイ人の考えは危険と裏腹だ」と言う。

最近は銀行が低・中所得者に貸し渋る傾向があるという。野村総研の加藤悠史氏は、若者らの需要が落ちれば、「今の好調さに影を落とす可能性はある」と話す。

（バンコク＝染田屋竜太）

■ご意見は、keizai@asahi.comまで。

〔図表3　タイのデベロッパー住宅供給量上位10社〕

タイのデベロッパー大手10社（過去20年間の住宅供給実績）			
順位	デベロッパー	供給戸数	日系提携先
1	プルクサー	203,936	
2	ルンピニー（LPN）	111,282	
3	サンシリ	72,476	東急電鉄
4	スパライ	71,982	
5	ランドアンドハウス	58,918	
6	AP	51,832	三菱地所
7	クオリティハウス	42,575	
8	プロパティパーフェクト	36,862	
9	アナンダー	26,086	三井不動産
10	オリジンプロパティ	13,360	野村不動産

（資料：AREA）

す。

日本の総合不動産デベロッパー大手4社といえば、いわゆる地所、三井不、東急、野村です。東急不動産ではありませんが、グループの中核で不動産事業にも注力している東急電鉄が、タイのデベロッパーであるサンシリとJVを組んでバンコクのコンドミニアム市場に参入すると発表したことで、2017年にはバンコクのコンドミニアム市場に大手4グループが出揃ったわけです。

図表3は過去20年間で最も住宅供給戸数が多かったタイのデベロッパー上位10社ですが、日本の大手4グループすべてが、この10社のいずれかとJVを組んでバンコクのコンドミニアム市場に参入したことになります。

また、これ以外の準大手や中堅デベロッパーでも、関東の住友林業やフージャース、ラ・アトレ、関西からは阪急不動産、信和不動産などが続々とバンコクのコンドミニアム開発に進出しました。

　では、そもそもなぜ日本のデベロッパーがバンコク市場に参入するようになったのか。それについては数年前、三菱地所と三井不動産がタイの不動産市場に参入したのを見て、日経新聞がこんな記事を書いていました。「大手デベロッパーは、今後マーケットの縮小が確実視されている日本の住宅市場から、成長の見込める海外の住宅市場に軸足を移し始めている」。

　当時、バンコクの不動産市場に進出したのは最大手の三菱地所と三井不動産だけだったのですが、その後、両社とも順調にプロジェクト数を伸ばし、三菱地所は既に1万ユニットを超えるコンドミニアム開発を手掛けてきているそうです。

　しかし、2017年に入って続々と日系デベロッパーがタイに進出してくるようになったのには、また別の大きな理由があります。確かに日系デベロッパー各社とも、将来日本の住宅市場が先細りになるのはわかっていたのですが、さらに追い風が吹き始めたのです。

　東京オリンピックが決まってからじわじわと上昇を始めた日本の大都市の地価と住宅価格。それにより日本の不動産会社も本業からの利益や手持ち不動産の含み益が増大し、それ以前に比べて資金的な余裕が出てきたところに、日銀のマイナス金利政策が始まり、極めて低いコストで資金調達もできるようになりました。

　一方で、日本の住宅市場は既に飽和状態であり、継続的な需要拡大は見込めません。そこで出てきた答えが海外進出なのですが、さらに海外からも追い風が吹き始めます。

〔図表４　オリジンプロパティと野村不動産の合弁形態〕

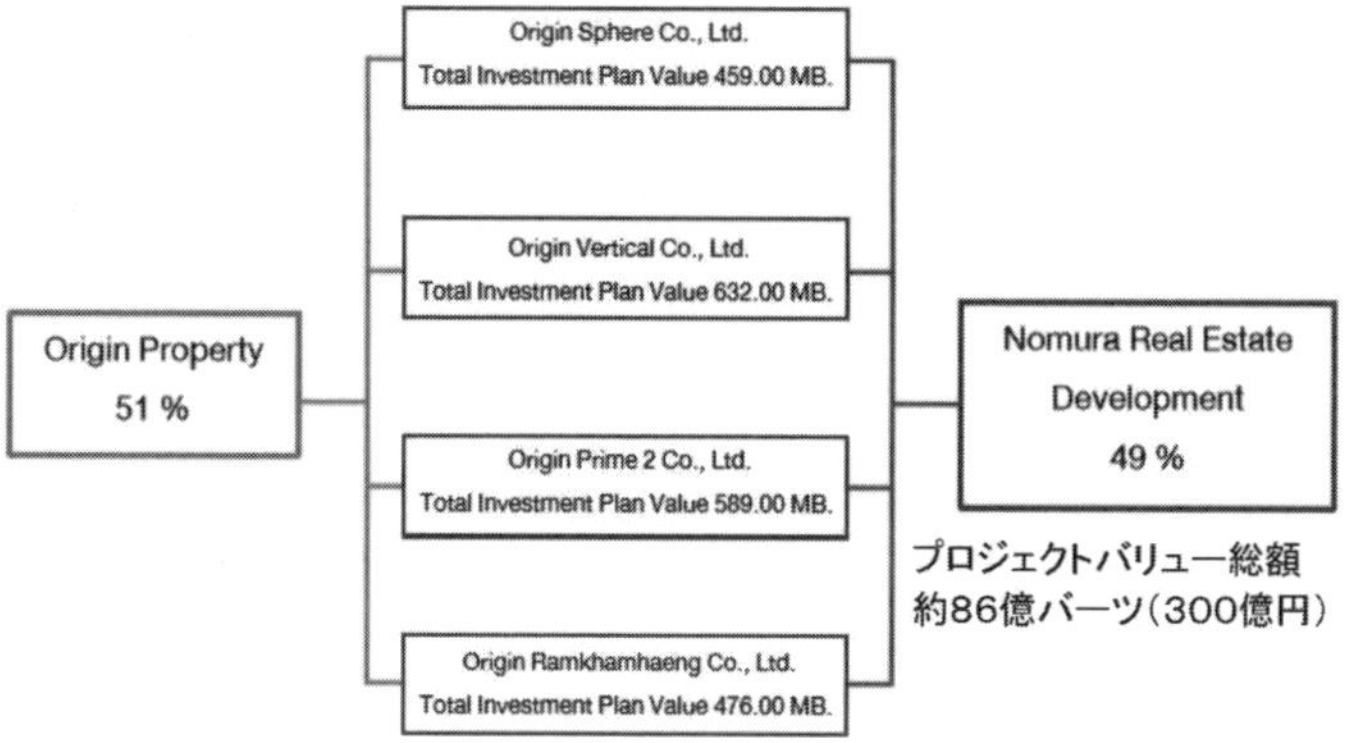

バンコクのコンドミニアム市場でデベロッパー間のシェア争いが激化した結果、他社より多くのプロジェクトを開発するための手段として、大手デベロッパーは日本のパートナーとＪＶを組むことで資金調達だけでなく日本への販売チャンネルも模索するようになりました。

現在のタイ国内住宅市場では、家計債務や景気回復の実感が感じられない等の理由でミドルクラスの購入意欲が落ち込んでいます。

その結果、タイの大手デベロッパー各社は外国のマーケティングに活路を見出そうとしていて、日系デベロッパーと組めば資金だけでなく日本市場にも販売ルートができる上に、東南アジアでの自社ブランド力も高まるというメリットがあるわけです。

図表４は、野村不動産とオリジンプロパティとのＪＶによるバンコクの開発プロジェクトの出資比率ですが、４つのプロジェクトすべてで野村が49％

のシェアを持っているのがわかります。

つまり、オリジンにとってみれば、同じ資金で2倍のプロジェクトに着手できることになったわけです。

ところで、あるタイの大手デベロッパーは新聞のインタビューで、日本のデベロッパーと組まなくても我々は成長を続けられるが、彼らの経営方法やプロジェクトの進め方に興味があるので組むことにした、と随分偉そうに答えていました。しかし、無理なシェア争いにくみしない業界のリーダー格でもあるランドアンドハウスがそれをいうのであればまだしも、コンドミニアム市場の需給を無視して続々と新規供給し、供給過剰の原因をつくり出しているところがいうのはどうも手前勝手のような気もします。

これについては、政府系のガバメント・ハウジング・バンクが運営するＲＥＩＣ（Real Estate Information Centre）が次のような興味深いことをいっています。

「２０１８年以降もタイのデベロッパーと外国企業とのＪＶが増え、特に中国と日本の不動産デベロッパーが進出してくる。その理由は、タイ市場は中国や日本のように政府による制約が少なく、かつ不動産価格も彼らの国よりまだ割安であることから、タイ市場は彼らにとって海外進出の登竜門として最適であるからだ。

しかし、これはタイのデベロッパーにもメリットがあり、双方でウインウインのビジネスができるからＪＶはこれからも増える」。

2　激化する大手デベロッパー間のマーケットシェア争い

開発ローン利用が厳しい

タイは今、金融機関の与信基準が厳しく個人の住宅ローンだけでなく、デベロッパーでさえも新規プロジェクトを行うための開発ローンがなかなか借りられなくなっています。

不動産鑑定調査会社であるＡＲＥＡ（Agency for Real Estate Affairs）の最近の調査では、デベロッパーが計画していたプロジェクトが途中で頓挫してしまうというケースが増えていることがわかりました。そして、図表５にあるように、その理由の43％が開発ローンが借りられないか、売れ行きが悪いために取り止めにしたということです。

中小デベロッパーの場合、資金調達は間接金融である銀行からしかできないため、たとえ開発ローンが借りられたとしても金利コストのハンディによって、販売価格も大手上場企業より割高になり、その結果売行きも悪くなるのです。

4、5年前、新聞取材の中でクオリティハウスの社長が、「今後、コンドミニアム市場の成長速度が落ちたとしても、我々は中小デベロッパーのマーケットシェアを食って今まで通り成長を続けていく自信がある」といっていました。

そして、今まさにその通りのことが起こっています。以前は上場企業とそのグループ会社、つま

〔図表5　中止となったプロジェクトの主な原因〕

中止プロジェクトの10大原因	プロジェクト数	%
1. No EIA approval	46	24%
2. Fail to receive property development loan	45	24%
3. Bad sale rate	36	19%
4. Bad location	21	11%
5. Change to develop something else	12	6%
6. Waiting to increase sale price	10	5%
7. Change in development plan	7	4%
8. Problem with land title deeds	5	3%
9. Bankruptcy	5	3%
10. Lack of contractors/ construction workers	2	1%
(AREA) Total units	189	100%

〔図表6　マーケットシェア争いが進行中〕

〔図表7　中小デベロッパーのマーケットシェア縮小〕

Detail 2017	Overall	Actual Number			Percentage		
		Plc.	Sub Plc.	Non-Plc.	Plc.	Sub Plc.	Non-Plc.
Value of the development　金額ベース	182,647	95,568	47,290	39,789	52%	26%	22%
No. of Units　ユニット数ベース	54,281	28,581	13,431	12,269	53%	25%	23%
	供給量	上場企業	上場企業 系列会社	非上場 中小デベ			非上場デベ シェア

り大手資本のデベロッパーと中小の非上場デベロッパーとのマーケットシェア比率は50：50であったのが、図表7でもわかるように現在では中小デベロッパーは金額ベースで22％、供給戸数ベースでも23％にまでシェアを落してきています。

ＡＲＥＡの説明によると、非上場の中堅デベロッパーがもし銀行から開発ローンを借りられたとしても、今の貸出金利は6％もするので、株式や社債発行といった市場での直接金融を通して3％程度のコストで資金調達できる大手上場企業には勝てず、これが毎年のようにマーケットシェアを落してきた理由の1つとのことです。

しかし、中小デベロッパーがここまでシェアを落した今、今度は大手デベロッパー間でも激しい競争が繰り広げられるようになり、従来のような企画力や用地取得能力だけでなく、資金力や海外での販売力が重要になってきています。

つまり、いくら上場企業といっても無尽蔵に直接金融で資金調達はできないので、そこで資金力のある日系デベロッパーとのＪＶなのです。

日系デベロッパーには海外進出の千載一遇のチャンス

一方で、現在マイナス金利政策を取る日本の資金調達コストは非常に低く、これは日系デベロッパーにとっても海外進出の千載一遇のチャンスというわけです。

ところで、こういう日系企業が現地の大手デベロッパーとＪＶでやっているプロジェクトがすべて成功裏に終わっているかというと、実はそうでもなく、中には相当苦戦しているものもあります。どのプロジェクトとはここでは書きませんが、例えば、売り出して半年以上経っているのに、まだ半分も売れていないようなプロジェクトがあれば、それはタイ人も買わないような不人気プロジェクトである可能性が高いと思って敬遠してください。

そもそも、バンコクに出てきている日系デベロッパーの実態を見たらわかりますが、ほとんどが1人か2人、多くて3人か4人の駐在員が現地に居るだけです。それでタイのデベロッパーとの共同事業といったところで、実態は名ばかりで、実は資金を出しているだけではないかと容易に想像できます。

すなわち、用地取得、企画設計や施工監理、事業収支計画といったデベロッパーの重要な仕事のほとんどは、タイ側のデベロッパーが主導でやっていて、日系デベロッパーにはほとんど発言権が与えられていないというのが実態だろうと筆者は考えています。

したがって、もし日本で海外不動産の仲介業者からタイの物件を勧められても、日本の大手デベロッパーが現地のデベロッパーと共同で開発しているプロジェクトだから安心です、というのは必ずしも正しくないし、そもそも海外不動産仲介の実績や経験がほとんどない業者がそんなことをいいだしたら、すぐに信用せずにまずはじっくりと自分で納得するまで調べたうえで購入することをおすすめします。

〔図表8　増加する新規供給量〕

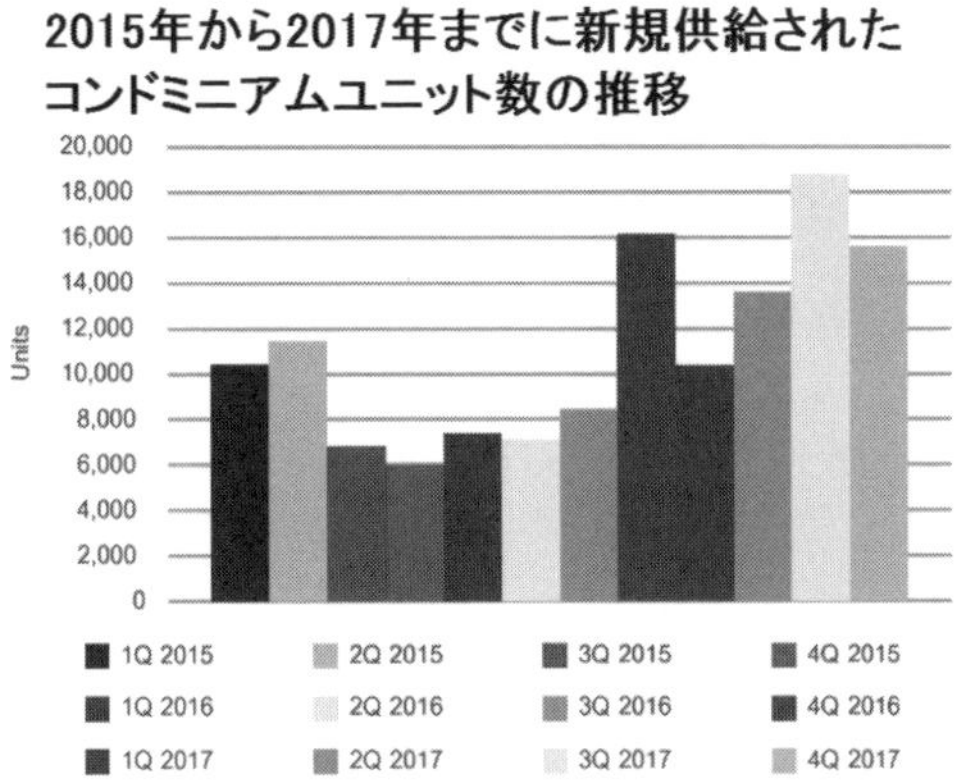

3　慢性的な供給過剰に対する不安とバブルリスク

バンコクのコンドミニアム市場で起こっていること

今、バンコクのコンドミニアム市場で何が起きているかというと、消費者の住宅購入意欲や需要の伸び悩みによる販売不振、家計債務の増加に危機感を持った銀行による住宅ローンの与信却下によるキャンセル続出で、バンコク全体の供給量で過半数を占める郊外の市場では苦戦が続いています。

ところが一方で、多くのデベロッパーが売行きの悪い郊外からバンコク都心部に開発の中心をシフトした結果、CBD（中心部ビジネス街）の地価が急上昇し、30万バーツ/㎡を超すいわゆるスーパーラグジュアリーと呼ばれる高級コンドミニアムが続々と売り出されるようになりました。すなわち、水面下では都心部と郊外というマーケットの二極化がさらに進んだというのが実態です。

図表8は、不動産エージェントのコリアーズ・インターナショナル・タイランドの調査資料ですが、２０１５年から２０１７年までの3年間で、バンコクで新規供給されたコンドミニアムのユニット数を四半期ごとに表したものです。

２０１４年のクーデター以降、バンコクの政情も落ち着き、その年の後半以降、香港やシンガポールからの外国人投資家が一斉にバンコクでの不動産購入を再開したのですが、それに伴ってタイのデベロッパーも供給量を増やしてきたのがわかります。その結果、２０１７年には約５９，０００ユニットが新規供給され、２０１６年度比28％増となりました。

そして、タイの２０１７年度ＧＤＰ成長率が３・９％と、２０１２年の７・２％以来、この５年間で最高であったことから、大手デベロッパー各社はいよいよ景気回復が始まったと今後の市場拡大にますます強気になってきていて、今後少なくとも年間５５，０００から６０，０００ユニットの供給が続くとコリアーズも予測しています。

しかし一方で、２０１７年末時点のバンコク首都圏全体の販売在庫は４５，０００ユニット以上あると彼らはいっているのですが、これは２０１６年の年間総供給量よりも多いということになります。

さらに、タイ商工会議所大学の調査では、２０１７年の消費者の住宅購入意欲はここ数年で最低の66・２％であったとの結果も出ていて、バンコクのコンドミニアム市場で最大の消費者である

〔図表９　価格帯別供給量と販売達成率〕

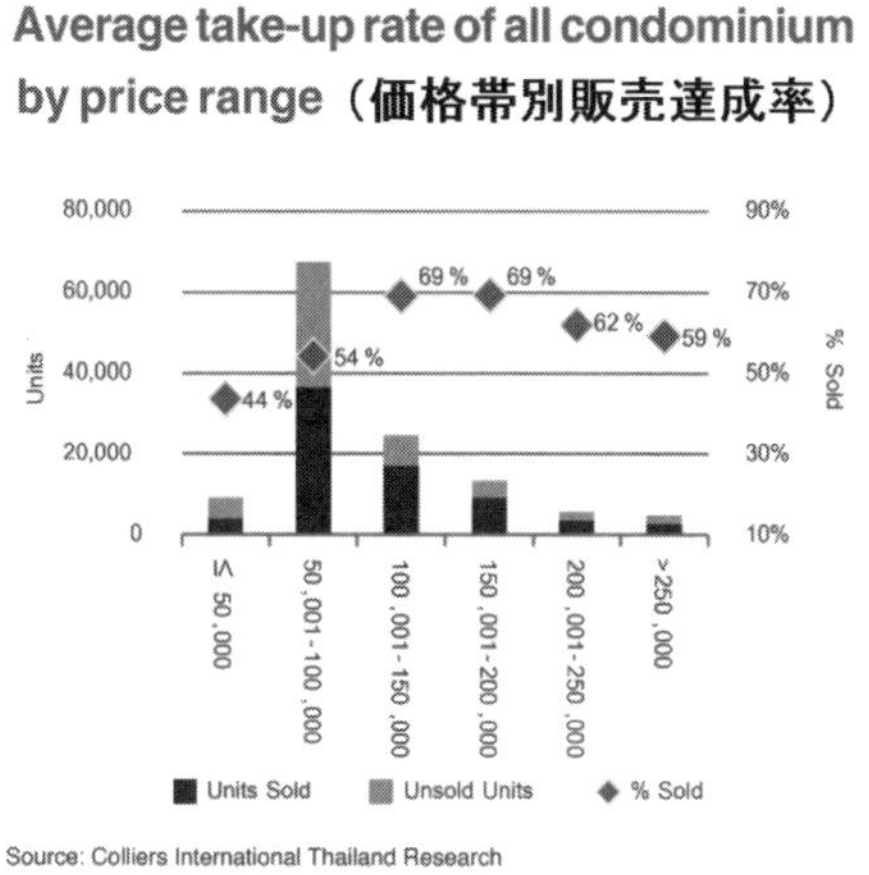

タイ人ミドルクラスの住宅購入意欲は今も低迷したままであるという見方をしているところもあるのです。

図表９のグラフは、２０１７年末時点の販売中プロジェクトを価格帯別に供給量と販売達成率を調査した結果です。一般的なミドルクラスのタイ人が購入している物件は30㎡弱の１ベッドルーム、５万～６万バーツ／㎡、つまり金額ベースでは１５０万～１８０万バーツというのが筆者の感覚ですが、このグラフを見ると、圧倒的に供給量が多いのが５万バーツ／㎡から10万バーツ／㎡の価格帯の物件です。

そして、この価格帯で売り出されている約６５，０００ユニットのうち54％しか売れてないということは、まだ約３万ユニットの販売在庫があるわけですが、ミドルクラスの住宅購入意欲は今も弱いため、これからもなかなか在庫が掃けない可能性が大だと思います。

〔図表 10　将来の新線沿線供給量推移〕

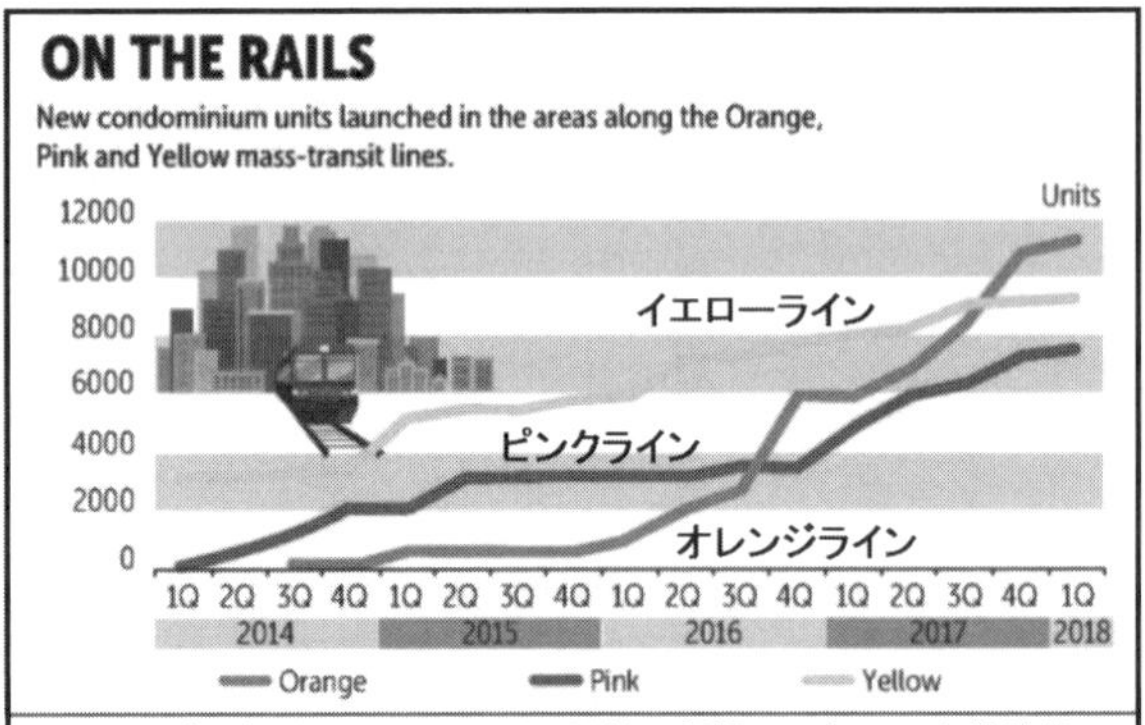

オレンジ、ピンク、イエローライン沿線の新規コンドミニアム供給量

二極化進むバンコクコンドミニアム市場

一方、69％と最も売行きが良いのは10万バーツ／㎡から20万バーツ／㎡の価格帯ですが、このセグメントになると用地取得も簡単ではなく、供給量が比較的少ないのがわかります。

このセグメントの物件はタイ人でもアッパーミドルクラスや富裕層、そして外国人投資家が買う価格帯であり、ここでも市場の二極化が見えてきます。

したがって、中低所得層をターゲットにした郊外の新線や延伸線沿線のプロジェクトは、期待だけが先行して多くの新規供給がされた結果、やがてここでも供給過剰になる可能性があるように思えます。

図表10のグラフはバンコクポストに載ったものですが、２０１８年３月末時点で新線３路線の中でも特にオレンジラインでの供給量が急増しているのが見て取れます。

既に我々は、２０１６年に開通したパープルライン沿線のコンドミニアム市場が大方の予測に反してキャンセル続出で値崩れしたのを見てきましたが、政府系の調査機関であるＲＥＩＣ（Real Estate Information Center）の調査によると、２０１７年前期末時点でパープルライン沿線ではまだ１４，０００ものユニットが販売在庫として残っているとの報告もあり、今後の新線沿線でもまた同じことが繰り返される可能性がある以上、筆者としては食指が動きません。

いずれにせよ、現状のバンコクコンドミニアム市場はこのように二極化が進んでいるので、少なくともサブアーバンの郊外プロジェクトは避けておくべきだと思うし、一方でＣＢＤ、ダウンタウン、ミッドタウンフリンジの金額にして12万バーツ／㎡以上の新規プロジェクトはそれほど需給関係が悪くなっていないので、今後も値上りが続くと感じています。

健全なデベロッパーの開発利益

最後に、次はランドアンドハウスの社長のコメントですが、比較的ニュートラルな現状認識だと思うので引用しておきます。

「今のバンコクコンドミニアム市場はあなたが思うほどには良くないのだが、かといってそれほど悪くもないというのが本当のところだ。つまり、今のところは不動産バブルという危険な水準ではない。

その理由は、大手デベロッパーの利益率があまり落ちてないからである。しかし、バンコクでの新規供給が今も増加しつつある中、今後の売行きがどうなるかについては予断を許せない。ただし、廉価なコンドミニアム市場は今もまだ回復の兆候がない」。

ここで理由として挙げられているデベロッパーの利益率については、現地証券会社のリサーチ部門から次のようなレポートがあります。

「上場企業の不動産デベロッパーの営業利益率は5年前の35％から33％へと大して落ちてはいない。経常利益率についても同20％から17％へ落ちた程度である。

そして、この経常利益率の縮小は販管費の比率が12％から16％に上昇したことが主たる原因であり、今のところ、市場トレンド自体が変わったという兆候はない」。

すなわち、供給過剰による競争激化でデベロッパーが大幅な値引きを始めた場合、利益率は相当落ちるので、需給が崩れつつある兆候なのですが、販管費の上昇というのは最近の海外マーケティングコストの増加とか、不動産市場とはあまり関係ないものに起因しているのだろうと思います。

いずれにせよ、今も収益構造に大きな異変は起こっていないということであり、確かに大手デベロッパーの収益性をみる限り、今のところバブルというほどの危険な兆候は出てないように思えます。

ちなみに、筆者も日本のデベロッパーで働いていましたが、マンション開発の場合、即日完売が続いていたバブルの頃でも粗利で15％とか20％の話をしていたように思います。

それが、供給過剰になるほど次々と新規供給が続く今でも、デベロッパーの開発利益が粗利で平均33％も取れるおいしいビジネスなど、市場が飽和状態にある日本のデベロッパーにとっては羨ましい限りだろうと思うのです。

4　完売したはずなのに続々と出てくる損切り物件

バンコクコンドミニアム市場の問題点

これはバンコクポストのコラム記事ですが、今のバンコクコンドミニアム市場の問題点をよく表していると思います。

『サトーン通りにある既に完売したといわれていたはずの高級コンドミニアムなのに、現在特別値引販売中という広告が、数日前からアソークの交差点で出ている。実は、このようなケースは調べれば他にもよくある。デベロッパーは認めようとしないが、バンコクのコンドミニアムに対する需要はここ数年、減り続けているのである。

多くの業界関係者が供給過剰はないという。しかし、明らかに販売達成率は落ちてきているし、数日で完売などという派手なニュースもあまり聞かなくなってきた。

このサトーン通りのプロジェクトを例にとれば、デベロッパーは完売したと大々的に宣伝していたにもかかわらず、今は全体の１割を再度販売中とのことだ。しかも、彼らは特別値引をしてでもこの販売在庫を一掃しようと懸命なのである』。

損切り物件広告

最近見かけるのが、短期間で完売したという威勢のいい話だったプロジェクトが、ふと気が付くと買った値段でいいから売りたいとか、損切りしますという転売の広告がたくさん出てきているケースです。

筆者の印象としては、こういうのは20万バーツ/㎡以下の大型プロジェクトに多いように思うのですが、筆者が見ても設定価格が比較的リーズナブルで、ロケーションもそこそこいいアッパーミドルクラスや外国人投資家が食指を動かす物件が損切りで出てきています。

そもそも、販売ユニット数が1，０００を超えるような大型プロジェクトがそんなに速く完売するとなると、今の不動産市場ではちょっとおかしいわけで、実はそのうちの半数以上が購入予約権を転売して儲けようとするいわゆるゲンガムライ狙いの買いではないかといわれています。つまり、最初から買い取るつもりがない投機買いというわけです。

図表11の広告は、ある中小の不動産エージェントが売りに出している日系大手デベロッパーの三菱地所とタイのデベロッパーのＡＰがＪＶで開発するラーマ９の大型プロジェクトで出てきた損切り物件の広告です。

現時点でこの業者だけで31件もの損切り物件を扱っているのですが、このプロジェクトはつい5か月前に売り出され、ほぼ完売したと筆者は記憶しています。

しかし、実態は転売に失敗し、このままではダウンペイメントの支払いが増えていくので損が増

〔図表 11　損切り物件広告の一例〕

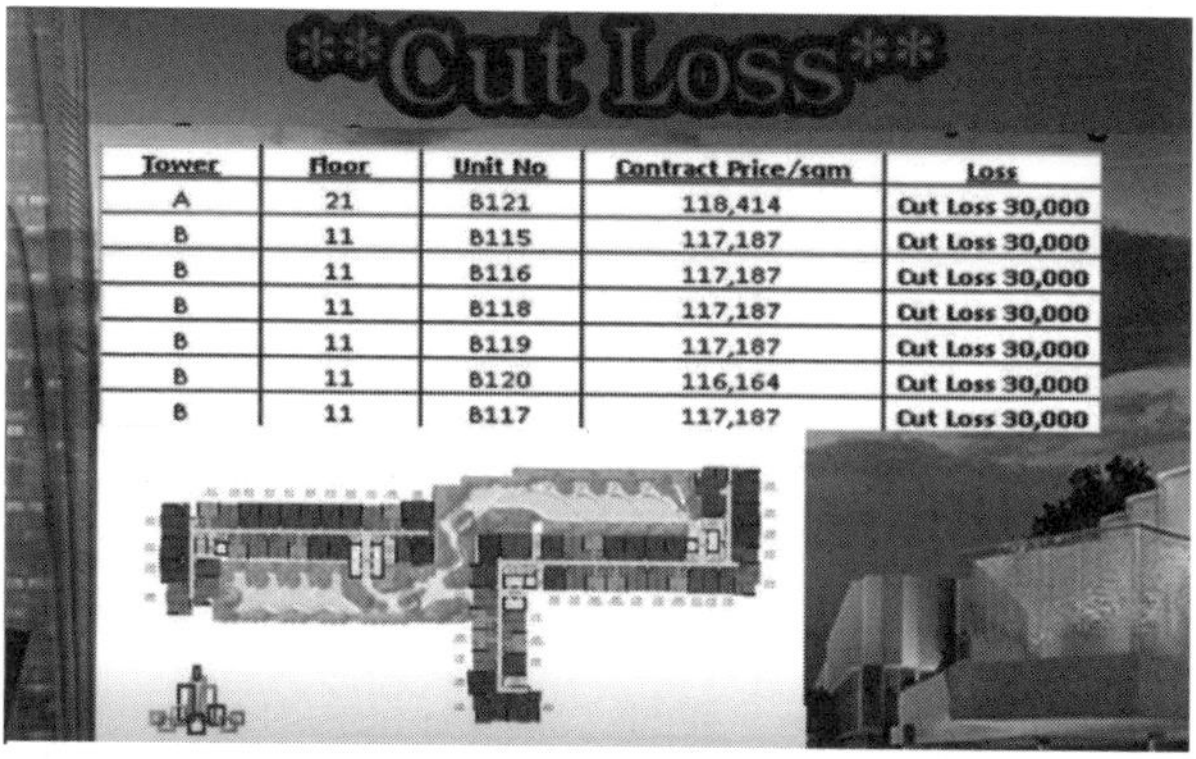

Tower	Floor	Unit No	Contract Price/sqm	Loss
A	21	B121	118,414	Cut Loss 30,000
B	11	B115	117,187	Cut Loss 30,000
B	11	B116	117,187	Cut Loss 30,000
B	11	B118	117,187	Cut Loss 30,000
B	11	B119	117,187	Cut Loss 30,000
B	11	B120	116,164	Cut Loss 30,000
B	11	B117	117,187	Cut Loss 30,000

完売したばかりなのに続々と出てくる損切り物件

える前にキャンセルするか、少しぐらい損をしても買い取ってもらおうということで出てきているものがほとんどです。

こういう短期転売狙いの投機買いは、ラグジュアリーやスーパーラグジュアリーのプロジェクトにはあまりありません。というのも、そんなに取り合いになるほど購入できる人がいないので、短期転売で儲けるチャンスも小さいからです。

つまり、20万バーツ以下の購入層が厚いプロジェクトでは絶好の投機の対象になるのでこういうことが起こるのですが、デベロッパーもそれを煽っているようなところがあり、事前に１００ユニットとか少数だけ販売し、即日完売したと宣伝して消費者の購入意欲をそそろうとするのです。

図表12はその1例ですが、２０１７年にＣＢＤのワイヤレス通りで売り出された同じデベロッパー、ＡＰの大型プロジェクトです。7月27日の夜8時に

〔図表 12　プレビルドマネーゲームの実態〕

7月28日午後1時	
Premium: 150,000	
B20	1 unit
B21	2 units
B22	1 unit
Premium: 300,000	
C14	2 units
C15	3 units
C16	3 units
C17	2 units
C23	2 units
C26	1 unit
C27	2 units
C28	1 unit
C29	1unit
C30	1 unit
C31	1 unit
C39	1 unit
Premium: 400,000	
G24	1 unit
Premium: 700,000	
G13	3 units
G24	2 units
G33	2 units
Total	32 units

同日午後8時		
Premium: 150,000		
B20	2 units	
B21	2 units	
B22	1 unit	
B38	1 unit	
Premium: 300,000		
C14	2 units	
C15	3 units	
C16	3 units	
C17	2 units	
C23	2 units	
C26	1 unit	
C27	3 units	Sold 1 unit
C28	2 unitss	
C29	2 units	Sold 1 unit
C30	1 unit	
C31	1 unit	
C39	1 unit	
Premium: 500,000		
F32	1 unit	
Premium: 700,000		
G13	3 units	
G24	2 units	Sold 2 units
G33	2 units	Sold 1 unit
Total	37 units	5 units

オンラインで3フロア限定、約100ユニットを販売したところ、わずか5秒もしないうちに全ユニットが完売したのです。

それをモニターしていた筆者は、消費者の購買心理を煽ろうとする最初から仕組まれた出来レースのような気がしたのですが、その証拠はありません。

しかし、その翌日午後1時には、図表12の左側、様々なタイプが合計32ユニット、転売物件として早速市場に出てきます。そして同日午後8時にはさらに物件数が増えて37ユニットになっていますが、これ以外に高層階角部屋等の希少性の高い5ユニットが30万～70万バーツ（100万円～240万円）のプレミアム付きで既に売れてしまっているので、合計42ユニットが売り出されたことがわかります。

つまり、完売した翌日にその4割が転売に出てきたわけであり、これがゲンガムライのマネーゲームなのです。そして、最後にこの転売ゲームに失敗した連中が図表11のような損切りに動くわけです。

したがって、何も知らない日本人は売れ行きがいいからとか、事前のプレマーケティングで即日完売したからというセールストークに乗せられて勘違い買いしないことが肝心です。

また、第4章3項で書いていますが、プレビルドのプリセールで買うのは希少ユニットだけに限定するべきで、ありきたりの1ベッドルームならプロジェクトが竣工する頃になって出てくる投売り買いをおすすめします。

〔図表14　世界の不動産バブルリスク・インデックス〕

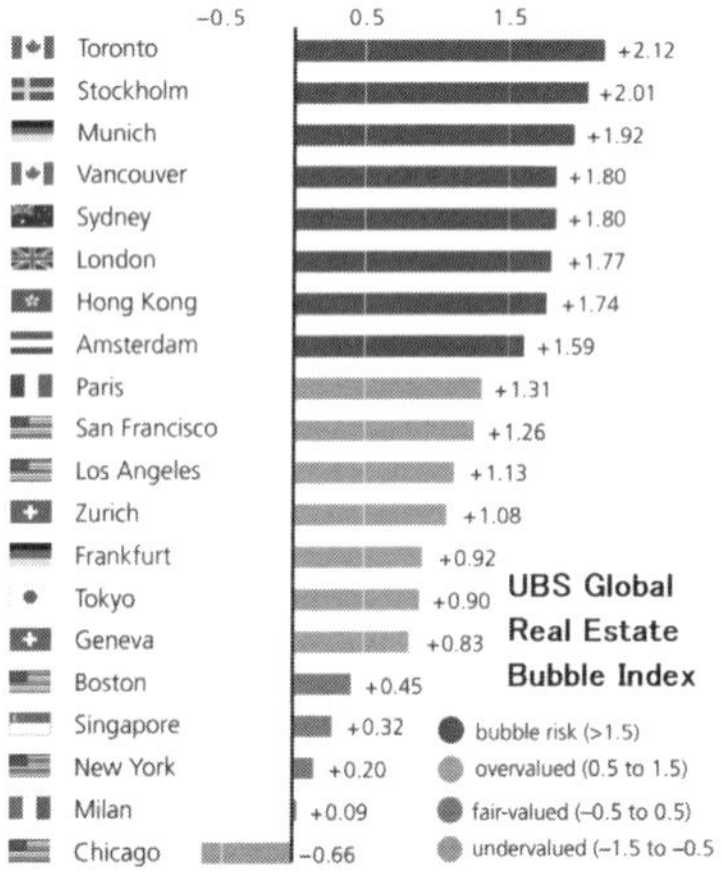

5　急増する外国人投資家

増え続ける香港からの投資

不動産エージェントのCBRE（シービーリチャードエリス）タイランドによれば、今、バンコクのコンドミニアムを金額ベースで最も多く購入している外国人は香港の投資家だそうです。

最近のタイ経済の回復に伴う急激なタイバーツ高、香港ドル安にもかかわらず、彼らの勢いは衰えておらず、その理由の1つは、バンコクのコンドミニアム価格は香港のそれに比べればまだかなりの割安感があるからということです。

図表14は2017年にUBSが調査した世界の不動産バブルインデックスですが、香港がアジアでは最も不動産バブルリスクが高いとされていて、東京などは割高感はあるものの、香港に比べ

ればバブルという危険なところにはまだ入っていません。

こんな状況下では、香港の投資家にとって割安なバンコクのコンドミニアムへの投資は、資産分散によるリスク緩和という意味でも非常に魅力があるのだろうと思います。

ミドルクラス向けのコンドミニアム売行き不振により、タイのデベロッパー各社は２０１５年以降、香港を中心に海外でのマーケティングに注力し始めたのですが、その結果、折からの香港ドル高タイバーツ安もあって香港からの投資額が急増しました。

また、ＣＢＲE香港によると、最近はラグジュアリー物件だけでなく中級グレードの物件にも香港投資家の投資対象が広がりつつあり、２０１８年の香港投資家のタイ不動産への投資額はさらに増えると予想しています。

激増する中国人観光客

図表15のグラフはタイ政府観光スポーツ省の統計を基に筆者が作成したものですが、２０１７年にタイへの入国者数が多かった順に中国、マレーシア、韓国、ラオス、そして日本となっています。

そして、これらの国からの入国者数の変遷を２０１３年から時系列に並べてみると、５番目の日本人は毎年１５０万人程度とほぼ一定しているのに対し、タイに来る中国人は２０１５年から急増し、２０１７年には９８０万人以上とこの3年間で倍増、2位のマレーシアを大きく引き離しているのがわかります。

〔図表 15　タイへの入国者数の変遷〕

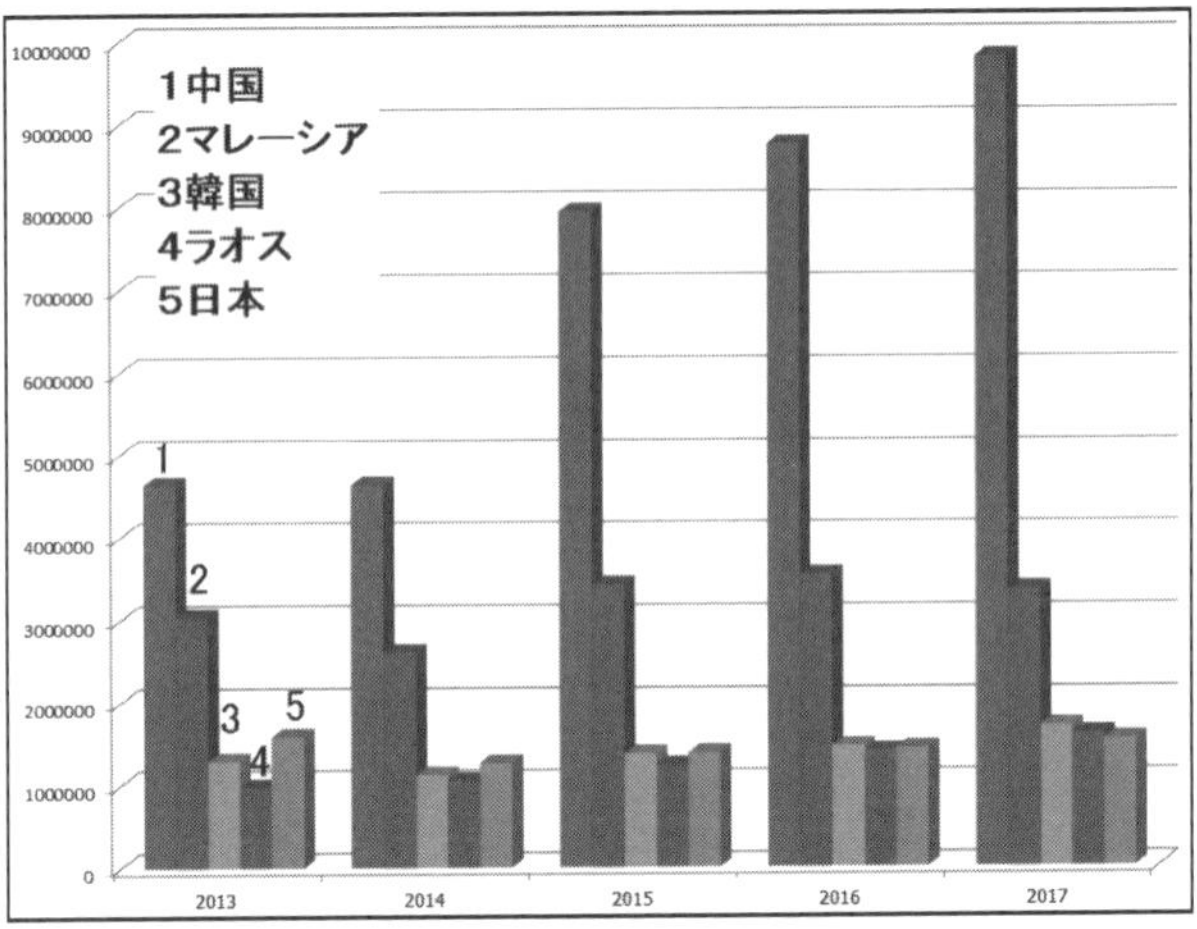

〔図表 16　急増する中国人投資家〕

また、マレーシアやラオスは隣国であり仕事等で出入国する人も多いので、観光客という視点で見た場合、中国、韓国、日本の順に多いと思います。そう考えると、韓国と日本を合わせても３００万人強なのに対し、中国は既にその3倍と圧倒的な観光客がタイに押し寄せていることがわかります。

急増する中国人投資家

香港以外ではシンガポールや台湾からの投資家も多いのですが、最近はやはり中国人投資家が増えてきています。フィナンシャルタイムズの記事によると、中国人投資家にとってタイはアジアの中で最も投資したい国なのだそうですが、次が購入目的の内訳です。

①投資　48％
②セカンドホーム、リゾート需要　30％
③移住　18％
④教育　4％

ところで、彼らにとってのタイ不動産の魅力とは、市場が成熟している、地理的に近い、経済的な結びつきも強い、将来の移住も視野に入れられる、ということです。

ただし、英字新聞のバンコクポストによると、アメリカやカナダ、オーストラリアで高額な不動産を買いまくっている中国人富裕層とはちょっと事情が違っていて、北京や上海といった都市部住宅価格の高騰で、住宅が買えなくなった中流層がタイのコンドミニアムを投資として買っていると

〔図表17　タイで急激にプレゼンスを高めるチャイナマネー〕

いう例が多いそうです。

つまり、彼らは働いていて収入があるうちにタイでコンドミニアムを先行投資で買って賃貸しておき、将来はリタイアメントビザを取って自分達のセカンドライフのために自己居住用として使いたい、という投資と将来のセカンドホームを兼ねた一石二鳥狙いが多いようです。

したがって、予算もアメリカなどで投資する中国人富裕層に比べると思ったより少なく、300万バーツから500万バーツ（1，000万円から1，700万円）が中心とのことです。

中国人投資家は最初は観光でやってきて、そこで母国の不動産に比べてタイの不動産が割安で投資利回りも高いことを発見し、不動産購入に興味を持つというケースが多いようです。それが今、年間1，000万人近い中国人観光客が押し寄せて来ているわけですから、今後バンコク、パタヤ、プーケット、チェンマイといった中国人に人気がある場所でコンドミニアムが買われることは間違いないと思います。

それに、最近はカナダやオーストラリア、ニュージーランドで外国人、特に中国人による購入で不動産価格が高騰し、住民から苦情が出ています。その結果、国によっては外国人が不動産を購入する場合の税金を上げたりして不動産購入を制限するようになってきていますが、タイは今のところ、外国からの投資はウエルカムの方針なので、これもまた中国人の不動産購入に拍車をかける要因の1つとなっています。

すなわち、バンコクのコンドミニアムを既に買った人やこれから買う人は、今後のチャイナマネーによる価格上昇に便乗して値上り益を享受できるということなのかもしれません。中国マネーの行先を後追いでなく、先読みして投資すれば儲かる、という図式になってくるのでしょう。

ただし、最近の中国政府の海外送金規制や海外不動産購入の禁止措置もあり、中国人投資家がすぐにバンコクでの不動産投資で香港投資家を追い越すようなことはなさそうだというのが、現地不動産エージェントのCBREタイランドの見方でもあります。

6　頭打ちの日本人エクスパットと増加する中国人エクスパット

外国人エクスパットの需要異変

次のCBREのレポートは1年前のものなのでやや古くなりますが、直近のデータから判断して

〔図表 18　2016 年末の国家別タイ労働許可証申請件数トップ 10〕

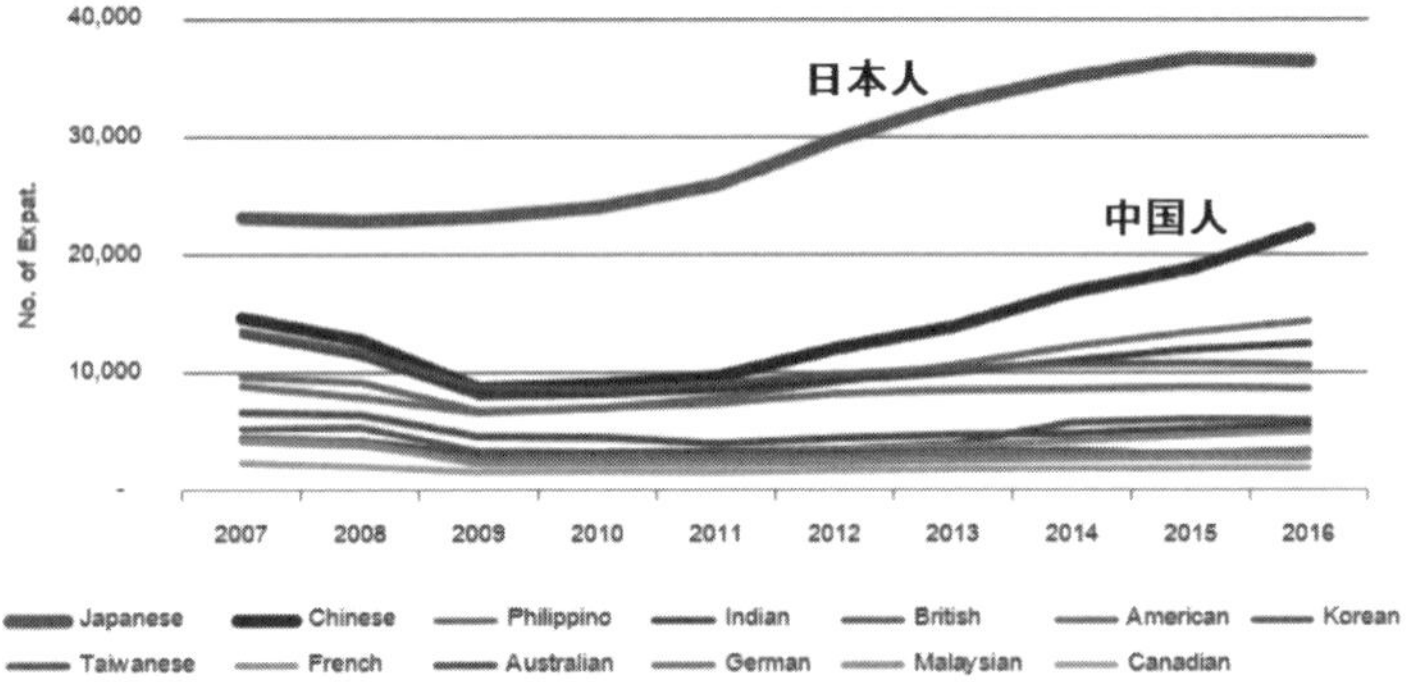

タイ労働省資料
Source: Ministry of Labour

もここで書かれたトレンドについては今も変化していません。

つまり、バンコクで働く外国人エクスパット社会で構造変化が起きているのです。

『バンコク都内の賃貸マーケットは、これまで北米、ヨーロッパ、日本等の外国人エクスパットの需要で支えられてきたが、今、異変が起こりつつある。

この四半世紀、外国人エクスパットはスクムビット、ルンピニー、サトーンといったダウンタウンに住む傾向があった。特に今はＢＴＳが近い、多くのレストランや店舗、学校等があることでスクムビットの人気が最も高い。さらに、最近はエッカマイからオンヌットにかけても人気が出てきていて、多くのエクスパットが移り住むようになってきている。

ところで、タイで働く外国人は労働許可証が必要であり、全体の発行数は毎年着実に増加している。しかし、その内訳を調べると大きな変化が起こっているのである。

すなわち、中国人比率が全体の13・3％を占めるに至っていて、前年度比で19・4％も増加したのである。

90年台には欧米駐在員だけが住宅手当として月額4万バーツ程度の予算を持っていた。それが2000年以降、日本人駐在員が増え始め、彼らも白人と同等の住宅予算を持っていたので同じエリアに好んで住むようになった。

ところが、最近まで外国人全体の中で25％と最大の割合を占めていたその日本人が、2016年の第3四半期には22・8％に減少（2017年末の直近データでは21％とさらに減少）したことがわかった。日本からの直接投資がスローダウンする中、日本人駐在員の数も頭打ちになりつつあるようだ。

一方、中国人駐在員の数は2011年の9，000人から5年間で倍増（2017年末の直近データでは26，000人となり、6年間で約3倍増になったことになる。また、外国人全体に占める比率も13・3％から14％に上昇）した。

ただし、彼らの住宅手当は欧米人や日本人に比べて少なく、これまで外国人エクスパットが好んで住んできた伝統的なエリアとは違い、もっと家賃の安いラチャダーピセーク通りに集中して住むようになりつつある（地下鉄MRT沿線のラーマ9からラチャダーピセークにかけて）。

したがって、バンコクの外国人エクスパット賃貸需要は全体としては今後も増加を続けるものの、欧米人と日本人の需要は頭打ちになりつつあり、スクムビットのような伝統的な住宅地の家主はこれから入居者獲得競争が激しくなる。

その結果、空室リスクを減らすために、今後家主は積極的なリノベーションをしたり、インテリアデザインや高級家具の購入等で競争力を高めていく必要がある』。

中国人エクスパットは現時点では欧米人や日本人に比べて家賃の予算が低いというのも理由の一つではありますが、ラチャダーピセーク通りには中国大使館があるので、中国企業や中国人エクスパットが好んで移り住むというのもあります。

しかし、だからといって我々日本人がラチャダーピセーク通り沿いであるラーマ9やタイ文化センター、フアイクワン等でコンドミニアムを買って中国人入居者に賃貸するというのは、彼らとは商習慣や考え方がかなり違うので難しいのではないかと思います。

それに中国人大家は今の急増する中国人旅行者相手に民泊でホテル代わりで貸してしまうので、そのコンドミニアムは住宅としてのプライバシーがなくなり、投資物件として価値が下がります。

ところで、一説によればバンコクに住む日本人は10万人ともいわれていますが、その数は定かではないものの、いずれにせよ、世界でも有数の邦人が住む街だということは間違いありません。

しかしながら、図表19のグラフからわかるのは、日本からタイへの産業部門の投資が２０１２年をピークに減り続けているということです。つまり、日本企業による工場進出等の設備投資がこ

〔図表19　タイの産業部門への投資国トップ5〕

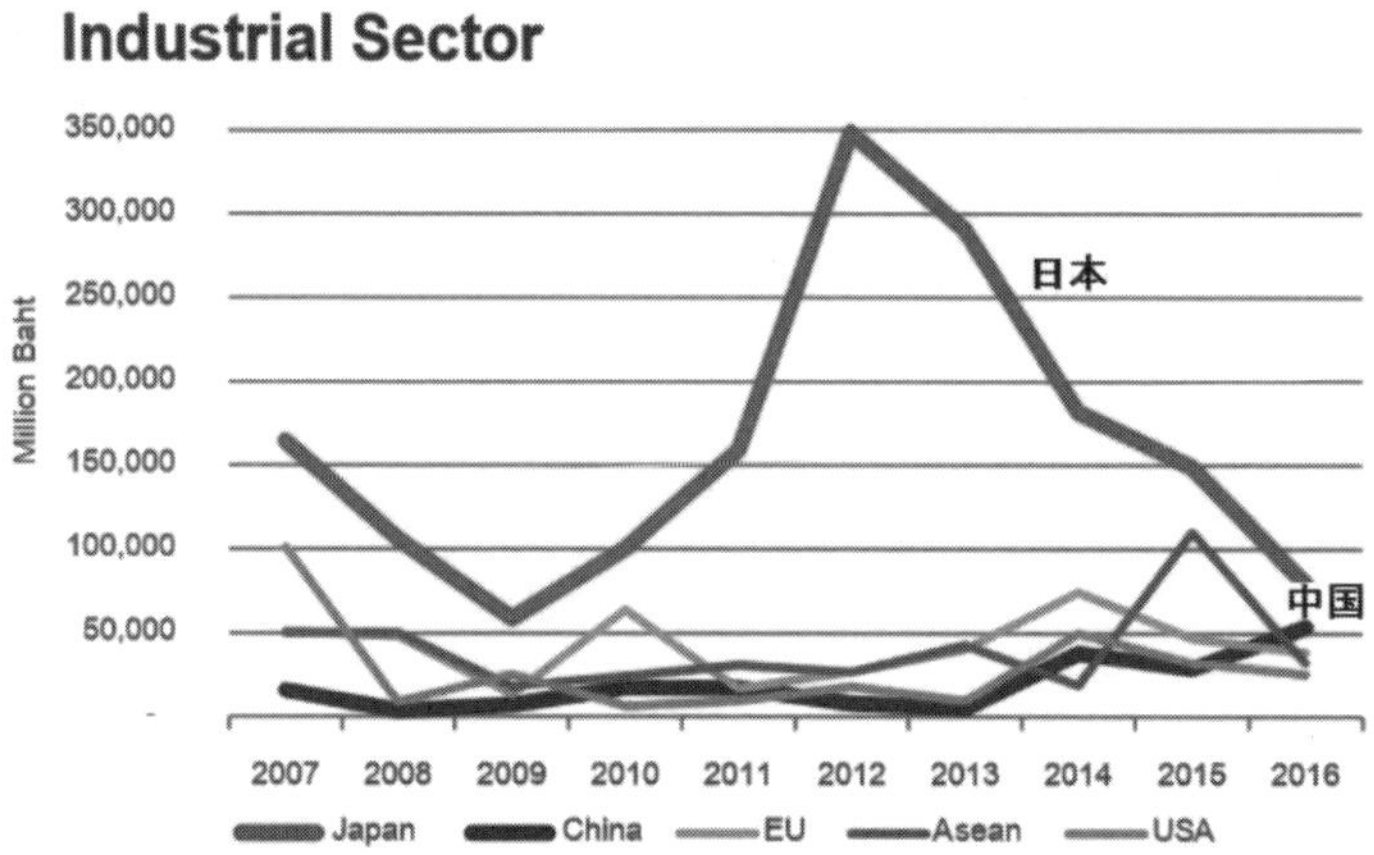

のところ減ってきているのに対し、代わりに中国の投資が増えてきていて、２０１６年時点では日本企業とほとんど変わらなくなっています。

この原稿を執筆している２０１８年４月時点では、まだ２０１７年の統計が出ていないのですが、タイプラスワンで日系企業がベトナム等の近隣国に工場をつくり始めたこともあり、タイでの投資は一段落したということなのかもしれません。

ただし、工場の新規進出が減っても、既存の工場があるので、すぐに日本人駐在員も減るということはありませんが、このところ更新も含めた日本人の労働許可証申請も４万人弱で頭打ちになっていることから、駐在員と現地雇用を合わせた日本人エクスパット数も増えてないということになります。

これに対して、中国からの投資の増加に合わせて、先のＣＢＲＥのコメントにもあるように中国人の労働許可証申請が急増しているので、そのうちに日本人を追い抜くことになるかもしれません。

このことは我々が不動産投資の戦略を考えるうえで重要な意味を持ちます。つまり、日本人駐在員への賃貸にこだわった場合、日本人駐在員の賃貸需要が頭打ちとなる中で今後も新規供給が続き、やがて自分が投資した物件の空室率リスクが高まるということです。

特にトンローやプロンポンでは、日本人駐在員の数が増えなければ賃貸マーケットは入居者市場となり、日本人は新築が好きなだけにやがて築5年も経った物件は見向きもされないようになる可能性もあります。

7 向上するタイ不動産市場透明度

市場透明度が高いタイ

図表20はＪＬＬが2年に一度世界各国の不動産市場の透明度を調査しているものですが、２００６年の３・４から２０１６年の２・６５へと、タイの市場透明度はかなり良くなってきているのがわかります。世界レベルではまだ38位ですが、ＡＳＥＡＮでは3位です。また、２０１８年に行われる調査ではさらに向上しているものと思われます。

ちなみに、このときの日本の市場透明度は２・０３と世界で19位ですが、タイの透明度もかなり日本に近づいてきています。10数年前にアソークのツインピークスやプラカノンのビスタガーデン

〔図表20　ＡＳＥＡＮ不動産市場透明度〕

Thailand's Real Estate Transparency Index　　タイの不動産市場透明度INDEX

Year	2016	2014	2012	2010	2008	2006
Composite Score	2.65	2.76	2.94	3.02	3.16	3.40

Composite score: 1 = most transparent, 5 = least transparent

Transparency Category	Market	Composite Score	Global Ranking (109 markets covered)	Southeast Asia Ranking (7 markets covered)
Transparent	Singapore	1.82	11	1
Transparent	Malaysia	2.35	28	2
Semi	Thailand	2.65	38	3
Semi	Indonesia	2.69	45	4
Semi	Philippines	2.78	46	5
Low	Vietnam	3.49	68	6
Opaque	Myanmar	4.17	95	7

Source: JLL

等、日本人が巻き込まれた事件もあったと聞いていますが、最近はそんな大掛かりな詐欺事件はなくなってきているし、多くの調査機関が市場調査の情報を出しているので、ある程度の市場トレンドもわかるようになってきています。

本章1項でも書いたように、今、日本でも海外不動産、特に東南アジアに人気が出ています。そして、その中でもタイ、フィリピン、ベトナムが人気ですが、その3つの国の中ではタイが最も市場透明度が高く、プレビルド物件が竣工せずに破綻し、投資家が大損するというような事件も聞かなくなっています。

もっとも、次項で書くアナンダーと三井不動産が開発するアシュトンアソークのような問題が今も起こっているのも事実であり、タイの市場透明度もまだまだといわざるをえないのですが…。

したがって、割安感だけでいえば、フィリピンやベトナムのほうに魅力があるのですが、不動産市場がまだ成熟しておらず、これから何が起こるかわからない不透明さの残るこれらの国に比べれば、タイはＡＳＥＡＮ10か国の中でインドネシアに次いでＧＤＰが第2位の経済規模を持つという安定感、今後のマストランジットシステムや高速道路のインフラ整備に伴う不動産市場の成長性、香港やシンガポールに比べて割安な不動産価格、といった投資家にとってバランスの取れた投資先であり、これが香港を筆頭に中国、シンガポール、台湾等から続々と投資マネーが入ってきている理由の1つだろうと思うのです。

ただし、日本の司法書士やアメリカのエスクローのような制度がなく、手付金詐欺のようなことはまだ起こっているので、売主と買主間の直接売買の場合、買主はチャノートと呼ばれる権利証を自分で確認したり、土地局に行って売主が本当に権利者として売れる立場にあるのか等を調べたりする必要があります。

8　増え続けるクレームと欠陥工事

信用できないデベロッパーが多い

筆者の前著書でも写真を添えて例を挙げていますが、パンフレットやモデルルームと比べて出来上がった物件のグレードがかなり落ちている、最初に展示していたワサドゥ（建設資材）ではなくもっと安いものに勝手に代えられている、施工監理ができておらず雑な工事が多い、そしてそれ

〔図表21　増え続けるクレームと欠陥工事〕

を指摘しても屁理屈を言って直そうとしない、といった苦情が増加の一途です。

これも、更地の状態からデベロッパーが販売を始めるため、消費者は実際に竣工するまで自分の買った物件を見ることができないから起こる問題でもあります。つまり、悪質なデベロッパーの場合、途中で仕様を変えてコストを落とすことは簡単にできてしまうのです。

したがって、こちらの住宅専門誌には、プレビルドの物件を買うときは必ず販売時のパンフレットを最後まで取っておくだけでなく、モデルルームや展示資料の仕様書やサンプルを携帯電話のカメラで細部まで写真に撮っておく（注：これらの資料をコピーさせてくれないデベロッパーが多いので写真に撮る）ことをすすめています。

そして引渡し前の竣工検査の際に、勝手な仕様変更をされてグレードが落ちているのを見つけたら、証拠としてとっておいたそれらの資料を見せて、デベロッパーに当初の仕様通りにつくり直させるべき、というようなことが書いあります。

また、当然のことですが、検査でダメ工事がある場合は必ずデベロッパーがそれを直すまでバランシングペイメント、つまり残金支払いに応じない、という強い態度が必要です。

さすがにデベロッパーも竣工引渡しのときは早く売上計上したいという懐事情もあり、大抵の手直し工事にはすぐに応じてくれますが、一旦決済と引渡しがすめば、話は遅々として進まなくなることもあります。

すなわち、それだけ信用できないデベロッパーも多いということであり、第3章2項で書いていますが、大手のデベロッパーであってもタイ人消費者の間で信用されてないデベロッパーは少なくありません。

問題プロジェクトの例

さて、これは実際に起こった例であり、タイの経済新聞であるターンセータギットのデジタル版に載っていた記事からの抜粋です。

表題「おい、アナンダー。高級コンドミニアムなのに水が漏ってるぞ！」

問題のプロジェクトは4年前に竣工したアイディオモビ・パヤータイという、大手デベロッパーのアナンダーが開発したコンドミニアムであるが、同物件の管理会社は今のデベロッパーとの問題

〔図表22　アナンダーの問題プロジェクト〕

について、ターンセータギットの記者に対してこう語った。

「デベロッパーのアナンダーが悪質なゼネコンを使って手抜き工事をした結果、購入者が入居した際に大量の瑕疵が見つかった。

例えば使用している建設資材は最初にパンフレット等に記載してあったものと違っていたし、しかも修理をしたはずのところを後でチェックしたところ、ちゃんと修理されてなかったり、3年も前から問題を指摘しているのにアナンダーが直そうとしないために、今は住人の生命やその財産にまで危険が及ぶようになってきている」。

これに対し、デベロッパーのアナンダーは不良箇所や瑕疵の修復を依然拒否している部屋があるだけでなく、共用部についても既に保証期間が切れているといって取り合わない状況である。しかし、法律上、施主には5年間の保証義務があり、同物件は2013年の竣工なのでまだ保証期間が終わったわけではない。

さらに、誰の目にも明らかで深刻な問題が水漏れである。最上階である24階の部屋では雨が降ると雨水が壁を通して入ってくるし、廊下の照明取り付け口からも水が漏れてきていた。これについては、一応、修理がなされたのだが、今も外壁のクラックを通って新たな水漏れが起こっているという状況である。

また、トイレについても、排水管に水が流れないため汚水が溢れ、下の階の部屋に浸み込んでいくという問題が出ている。このような水漏れの問題でコンドミニアムの住人全体が迷惑しているのだが、そもそも建設工事自体が建築基準を満たさない劣悪なものであったことが原因である。

次に建築資材の問題がある。管理人が住人から図書室で外部の音がうるさいとの苦情を受け、チェックしたところ、仕様書では厚さ12ミリのガラス窓を使っていなければならないところを6ミリの薄いガラスを使っていることが判明したのである。

そこで管理会社が施工した会社に連絡したところ、同社はアナンダーの完全子会社であったこともあり、適当に修復しただけで全く見た目の悪い仕上げであった。さらに、フィットネスルームの電気プラグのところから水が漏れてきたりしたこともあるし、その他にも…。

次はこの物件を購入した人の談である。

「私は子供が学校に通いやすいようにと、このコンドミニアムで30平米のユニットを500万バーツ（約1，700万円）で購入したが、他にも同様に子供の通学のために学校の近くにあるこの物

〔図表23　アイディオモビ・パヤータイ〕

Ideo Mobi Phayathai

件を購入した人達がいる。

大手デベロッパーであるアナンダーのブランドを信用して、この物件なら問題ないだろうと購入したのに、いざ入居してみたら思っていたのとは大違いだった。

その後、何度もアナンダーと瑕疵担保責任を巡って交渉を続けたが、結局合意に至らぬままで、今では住人の生命にまで危険が及ぶ危機的状況になってきた。

その結果、我々住人100人以上が団結し、今月、消費者保護センターに書面で訴えを提出すると同時に、法的手続を急ぐことにした。これによって、アナンダーが施主としての責任を取って、販売当初に約束したような物件に修復してくれることを期待している」

これに対するアナンダーからの返事の概略を書くと、次のとおりですが、

①これまで何度も購入者や管理会社とミーティングを開き、第三者にも参加してもらって問題解決について話し合ってきたし、修理内容に合意ができたものについては昨年2月に合意書に署名してもらっている。

②現在合意できてないのは外部コンクリート部分の修理であるが、当初、２３００万バーツ（約7，９００万円）の予算を取っていたが、調査結果３００万バーツ（約1，０００万円）で修理可能とわかった。

この方法だと見た目が悪いといって反対している人がいるが、見た目がいいかどうかは個人の主観であり、人によって印象は違う。

③いずれにせよ、アナンダーは顧客が満足するように今後も最善の努力を惜しまない。

新聞記事は以上ですが、どうも住人のクレームと矛盾しているように思えるし、保証期間が切れたという言い逃れは撤回したのかここでは出ていませんが、本当のところはどうなのか、筆者は当事者でないのでわかりません。

ただ、これまで4年も雨漏りがしていたことから、大渋滞により発生するバンコク特有の強い酸性雨により、コンクリートの爆裂が始まっている可能性もあるし、本当に顧客の満足を最優先するのであれば、アナンダーは当初の予算２３００万バーツを使って徹底的に外壁を修理すべきだろうと筆者は思うのですが。

いずれにせよ、雨水が室内に流れ込む、トイレやシャワーの水が階下に浸みていく、電気のソケットから漏水して感電の危険があるというような瑕疵だらけの欠陥コンドミニアムを買ってしまうと、将来、「出口」でも買い叩かれるし、不動産投資としては最初の「入口」のところで大失敗ということになってしまいます。

なお、ここでは偶然アナンダーのプロジェクトが現地のマスコミで話題になったので取り上げていますが、別にアナンダーに限らず、筆者の知るだけでも他のデベロッパーで同じような問題はたくさん起こっているのです。

筆者も別のプロジェクトの施工不良に対する瑕疵担保責任について、オーナー委員会とデベロッパーの間でまさに訴訟寸前までいっている件で弁護士から状況説明を受けているところです。

そのデベロッパーも中小デベロッパーなので経営が苦しいのだろうと容易に想像はつきますが、弁護士の話だと相当な確信犯でもあり、施工ミスだけでなく当初購入者から受け取った修繕積立基金、約３００万バーツまで着服し、管理組合に渡そうとしないそうです。

その結果、オーナー委員会はその弁護士を雇い訴訟覚悟で交渉を続けているわけですが、こんなのは厳しい宅建業法がある日本であれば、デベロッパーの宅建免許剥奪ですぐ決着がつく話です。

しかし、残念ながらタイには強力な消費者を保護する法律がないので、いつまでもデベロッパーはこういう無責任な対応を続けられるのです。

こういうデベロッパーとのゴタゴタ事例を見ると、宅建業法があり、デベロッパーに10年間の瑕疵担保責任を負わす品確法（住宅品質確保促進法）もある日本の消費者は恵まれているとつくづく思います。

日系不動産会社絡みの問題プロジェクト例

ところで、筆者がちょうどこの原稿を執筆中にまた新たな問題が起こりました。しかもこれは三井不動産がタイに進出し、２０１４年にアナンダーとの合弁で最初に手掛けた大型プロジェクトの１つでもあります。

同物件はアシュトンアソークといい、ＣＢＤであるアソーク駅前の一等地で地上50階建とひと際目立つことから、多くの日本人投資家も購入しているのですが、アナンダーは当初、２０１７年末に竣工引渡しをするということで、顧客から残金支払いを受け取っていたにもかかわらず、結局、年末までに引渡しができなかったという問題が起こったのです。

その後、２月末に、そしてとうとう契約通り3月26日には引渡すと延期を繰り返してきたのですが、突然、同プロジェクトの事業体であるアナンダーＭＦ（三井不動産）アジア・アソークカンパニーから全購入者に対し、アシュトンアソークの引渡しを1年延期するとの、２０１８年３月14日付通知が届いたのが今回のパニックの始まりです。

その手紙の内容はいたって簡単で、政府の認可が遅れているので引渡しを1年延期するというだけであり、詳細な経緯説明もなく、それ以後、アナンダーも三井不動産もこの件に関して口を閉ざした状態が続いています。

しかし、アナンダーがこの大型プロジェクトの引渡しができない、との情報を入手した株式市場は即座に反応し、アナンダーの株価は2日で15％も急落したのですが、それでこのバンコク都から建物使用許可証が出ないという問題が表面化したわけです。

このプロジェクトは総額67億バーツ（約２３０億円）の大型プロジェクトといわれており、アナンダーと三井不動産にとっても目玉プロジェクトであったことから、株式市場が大きく反応するのも無理はありません。

筆者もアシュトンアソークの優れたロケーションと近代的なデザインを高く評価し、雑誌やブログの中でおすすめプロジェクトとして紹介していた手前、その後いろいろな情報ソースを使って何が起こっているのかを調べていきました。

その結果、株式市場ニュースなどを読んでわかってきたのが、アシュトンアソークが公道に接道するために専用使用をさせてもらっている土地が、実は国営企業であるＭＲＴＡ（タイ高速度交通公社）のものであり、アナンダーと三井不動産だけのために便宜を図って国有地の専用使用を認めるなど、公共の利益に反するし、ＭＲＴＡだけでなく開発許認可を出したバンコク都等の職務怠慢であるとのことで、周辺住民や団体等から告訴されていたらしいのです。

結局、それが原因で竣工しているにもかかわらず、アシュトンアソークの引渡しができなくなったらしいのですが、真相はデベロッパー側から何の状況説明もないのでわかりません。

その後の株式市場ニュースの記事によれば、実は2年も前からこの問題は存在しており、これがアシュトンアソークのプロジェクト自体に多大な影響を与える可能性があったにも関わらず、アナンダーの経営陣はずっと黙秘し、また、会計監査法人もその監査報告書で本件について何らコメントしておらず、しかもSET（タイ証券取引所）もこの問題を投資家に開示するようにアナンダー経営陣に指示してこなかったという不透明な点が指摘されていました。

少なくとも、筆者がこの原稿を執筆している4月下旬時点では、今もアナンダーと三井不動産はこの問題に関して沈黙を守っており、アシュトンアソークを買った顧客はこれから一体どうなるのかと不安をつのらせたままでいるわけです。

もし日本でこんな事態になれば、すぐさま国交省が乗り出してきてデベロッパーに調査が入るのだろうと思うし、まさにこういうところが市場構造が違う海外不動産のリスクでもあると思います。

いずれにせよ、筆者は第4章1項でも「新築コンドミニアム購入のチェックポイント」と題して、タイでコンドミニアムを買う場合はデベロッパーのCRM（顧客関係構築管理）が重要であると書きました。すなわち、顧客満足度の向上に注力して、アフターケアを含め顧客重視のコミュニケーションを怠らないデベロッパーを選ぶことが、タイではいかに重要であるかがこのケースからもわかると思います。

特に日本在住の投資家にとっては、デベロッパー側がコミュニケーションを密に取ってくれなければ、他に情報源もないわけで、もし何かがあればお手上げ状態になってしまうというリスクがあるのです。

第2章

これから
コンドミニアム市場で
何が起こるのか

The Line Sukhumvit 71, プラカノン

市場価格　１６万〜１７万バーツ/㎡

1　リバウンドで市場は健全回復か、不動産バブル発生か

２０１８年以降の市場予測

複数の調査機関から２０１８年以降の市場予測が出てきていますが、大きく楽観派と悲観派の２つに分かれています。

２０１７年後半から始まったタイ経済の回復で、２０１８年のＧＤＰ成長率は４％台に乗る。それに伴い、これまで低迷してきたバンコクのコンドミニアム市場もリバウンドするというのが楽観派。そして、供給過剰は解消されず、さらに深刻化するというのが悲観派です。

楽観派：不動産市場の健全回復が始まる

楽観派としてはＤＤプロパティやネクサスプロパティです。同様の見方をしているところは他にもありますが、その理由を次にまとめてみます。

売買市場

①タイ経済回復に合わせて２０１７年後半から不動産市場も回復が始まったが、この流れは２０１８年以降も継続し、需要と供給の両方が拡大するであろう。その結果、需給バランスが取れて市場はリバウンドし、再び健全な成長を続ける。また、コンドミニアム価格の上昇と供給増

〔図表24　ネクサスプロパティのエリア別市場予測〕

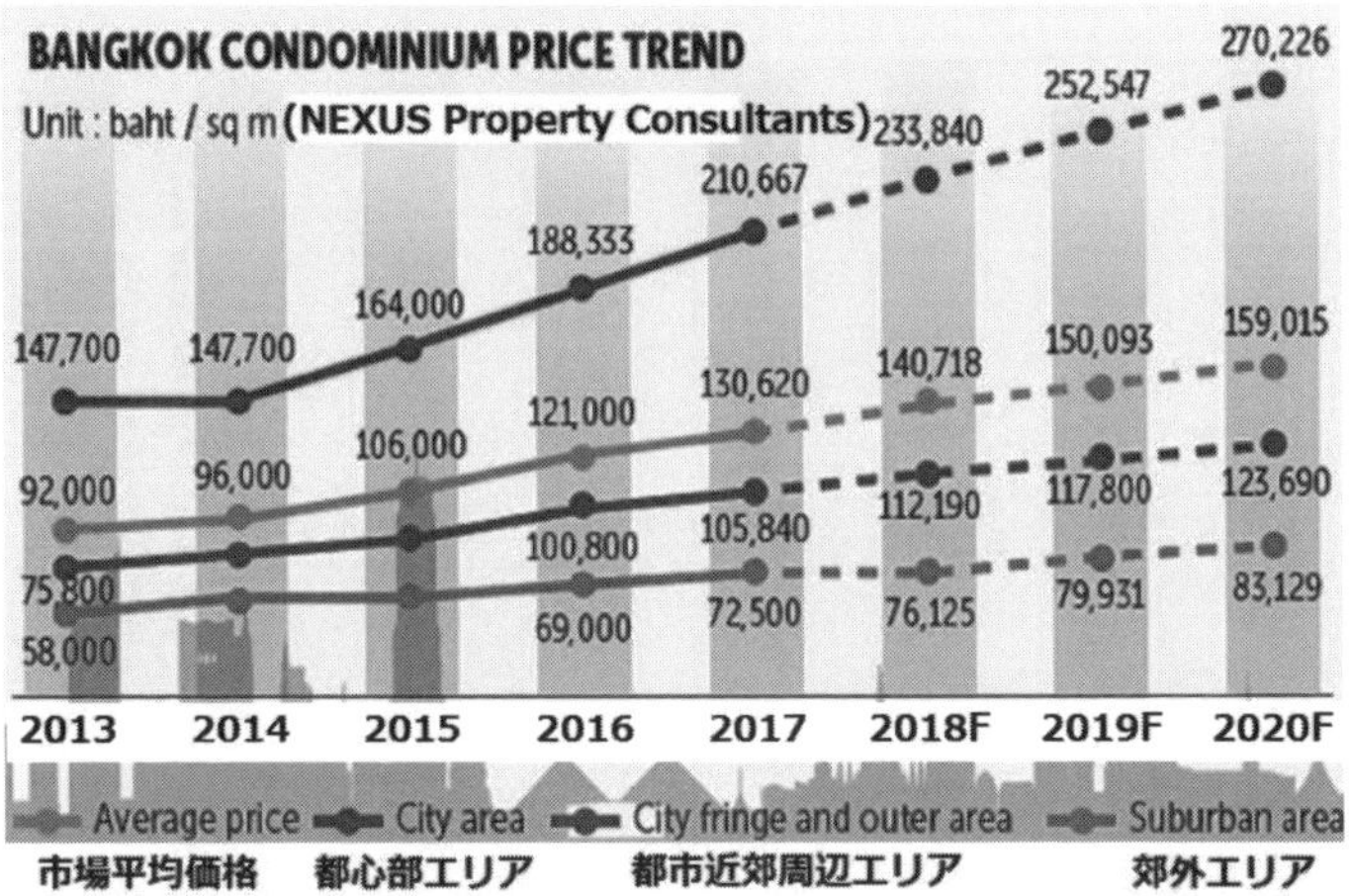

の同時進行が今後も続く。（注：図表24はネクサスプロパティのエリア別市場予測）

②しかしながら、それは購買力のあるアッパーミドルクラス以上が購入する、セグメントでいえばミドルクラスからハイエンドの比較的高価なプロジェクトが中心となる。

③タイ経済の回復につれて家計債務が減少、それに伴う銀行の与信基準の緩和、マストランジットシステム（ＢＴＳやＭＲＴ等の大量輸送機関）の新線や延伸線の開通、政府のＥＥＣ（東部経済回廊）でのインフラ整備などが住宅需要を刺激する。一方、供給面でもさらに多くの新規プロジェクトがデベロッパーから売り出される。

賃貸市場

①ＣＢＤ（中心部ビジネス街）のコンドミニアム賃貸マーケットは需要と供給の両方で拡大

し、特に月額家賃が15，000バーツから70，000バーツの物件に対する需要が大きい。
②価格帯でミドルクラスからハイエンドのセグメントでは、毎年の地価上昇の影響により、新築物件の家賃が築年数5年から9年の中古物件に比べて10～20パーセント高くなっている。それでも入居希望者はCBDの利便性と新築物件の快適性、それに伴う高い生活の質への対価としてその家賃水準を受け入れているので、今後も新築人気は続く。
③バンコク都近郊のフリンジエリアと郊外の賃貸市場は今はよくない。その理由は需要が少ない中でデベロッパーによる過剰な供給が行われたからであるが、現在建設中の新線や延伸線の工事が進んでくれば、賃貸需要も今後次第に拡大してくる。

悲観派：不動産バブルが発生

これに対し、悲観的な予測をしているのがコリアーズやAREAですが、それをまとめるとこうです。

コリアーズ・インターナショナル・タイランド

①2017年末時点で45，000ユニット以上あった販売在庫が、デベロッパーによる継続的新規供給で今も減少していない。また、この内の過半数が5万バーツ/㎡から10万バーツ/㎡のミドルクラスが対象のプロジェクトである。このことは、タイ経済の回復にもかかわらず、最も市場の大きなミドルクラスの住宅購入意欲が回復していないということであり、この価格帯の販売

〔図表 25　不動産バブル発生の根拠〕

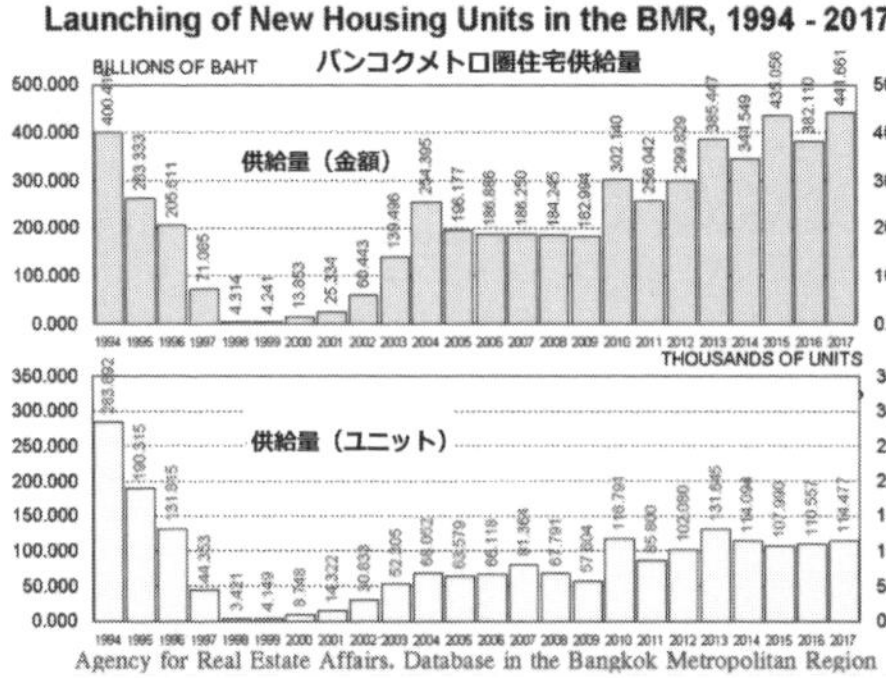

低調はまだ続く。

②ミドルクラスを中心とする国内需要が回復しないために、デベロッパーはますます外国人投資家へのマーケティングに依存するようになる。しかし、外国人の需要は投資需要であり、実需ではない。何かあればすぐに引いていくので要警戒。

AREA

①２０１２年のＧＤＰ成長率７．１％をピークにタイ経済の成長は鈍化してきたが、不動産市場は金額ベースで成長拡大を続けてきた。しかし、経済成長率が落ちた２０１３年以降、販売在庫と新規供給ユニットの数はほとんど変わらないまま推移してきた。

つまり、住宅需要（戸建て、タウンハウス、コンドミニアムすべての需要）は年間約11万ユニット前後で一定してきたということである。

②図表25はＡＲＥＡが調査したバブル発生の根拠を示すグラフであるが、ここ数年、バンコク首都圏全体の住宅供給ユニット数が増えてないことがわかる。それにも関わらず、２０１５年以降、販売価格が値上りしてきている。つまり、購買力のない中低所得層は置き去りにされ、購買力のあるアッパーミドルクラス以上の市場にターゲットが移動したということである。実際、２０１５年から２０１７年の平均住宅価格は３５０万バーツ/ユニットであり、２０１１年から２０１４年の３００万バーツ/ユニットを大きく超えている。

③２０１８年以降もこの同じパターンが続くと予想され、供給戸数と販売在庫は同じような率で増え続けるものの、それを上回る販売価格の値上りが続く。つまり、価格の高いハイエンド物件に供給がシフトしていくのである。このことは、バンコクの住宅市場で最も大きな中低所得層向けの住宅でなく、アッパーミドルから高所得層しか買えないハイエンドの住宅が主に供給されていくということである。

④このような住宅市場の拡大現象は根拠のない不動産ブームであり、やがてはバブルを引き起こす。もしこの不動産ブームが２０１８年以降も続けば、２０１９年か２０２０年には市場が崩れる可能性がある。今の不動産ブームは拡大成長を最優先する大手デベロッパーが、社債発行などの直接金融で調達した低コスト資金を使った一方的な新規供給でつくり出したものであり、ある日、この不動産投機はもう儲からないと市場が気づいたとき、不動産バブルが崩壊するのである。

用地取得が難しくなりつつあるロケーションに投資を

このように楽観と悲観の両方がありますが、筆者としては、ＡＲＥＡの不動産バブルという表現はちょっと極端だと思うものの、経済が回復基調とはいいながら、なかなか減らない家計債務の問題がある中で、銀行が近い将来、ローンの与信基準を下げて貸出を増やし始めるとも思えないことから、向う1年位の短期間でミドルクラスの住宅購入意欲が盛り返して、ミッドタウンや郊外のプロジェクトの市場がリバウンド急回復するとは思えません。

これについては、どの調査機関も売れるのはアッパーミドルクラス以上にしか買えないハイエンド物件だといっているので、ミドルクラス市場はしばらく回復しないというのがコンセンサスだろうと思います。それにも関わらず、大手デベロッパーは郊外の新線や延伸線の沿線での新規供給に意欲的で、これではまたも供給過剰になるリスクがあるのではないかと思っています。

いずれにせよ、筆者はこのボリュームゾーンのミドルクラス市場が低迷したまま、タイ人アッパーミドルと富裕層、それに外国人の需要だけで市場全体を引っ張っていくのは難しいと思っていて、やはりこれからもデベロッパーの供給量は増え続け、慢性的な供給過剰が、特に郊外で向こう数年続くのではないかと考えています。

そうなると、やはり今後の地価上昇を睨んで、既に用地取得が難しくなりつつあるロケーションに投資すべきだ思います。すなわち、ＣＢＤ限定とはいいませんが、ダウンタウンやミッドタウンフリンジであっても、駅から２００メートル以内等の希少価値のあるプロジェクトです。

今後の市場予測

最後に、ポジショントークをしない比較的ニュートラルなリサーチをするＡＲＥＡが出した今後の市場予測から興味深い項目を抜粋しておきます。

①上場企業とその系列会社を合わせた大手デベロッパーのマーケットシェアはさらに増加する。同時に海外のデベロッパーと提携するタイのデベロッパーも増える。（注：当初の三菱地所と三井不動産に続き、２０１７年は野村不動産、阪急不動産、東急電鉄、住友林業と日本の大手が続々とタイのデベロッパーとＪＶを組んでバンコク市場に参入。２０１８年４月には東京建物も参入を発表。）

②今後、中国や日本からの外国人投資家が増加する。一方、海外に出かけて行ってマーケティングをするタイのデベロッパーもさらに増える。

③コンドミニアムの価格上昇で投資金額が大きくなり過ぎた、供給過剰で空室リスクが高くなった、そして競争激化でリターンも小さくなったことから、ゲンガムライ（購入予約権の転売）目的で不動産を購入する投資家は減少していく。

④家計債務の額はさらに増加し、厳しい金融機関の与信基準は今後も続く。

⑤政府によるインフラ整備計画がはっきりしてくる。特にオレンジラインとイエローライン沿線が注目され、新しい住宅開発が出てくる。

⑥デベロッパーの中にはＥＥＣ（東部経済回廊）であるチャチャーンサウ、チョンブリ、ラヨーン

に進出するところも出てくる

⑦コンドミニアムは引き続き住宅開発の中で最も大きなシェアを占めるが、今後は将来性が高いロケーションだけに開発が集中する。

⑧これからのコンドミニアム開発は共用部施設の充実に重点が置かれるようになる。例としてコーワーキングスペースや公園、パーティルームなど。

⑨一部のデベロッパーは販売後のアフターサービスを充実させ、CRM（顧客関係構築管理）による顧客満足度や評価を向上させることに注力するようになる。

2　地価上昇はまだ止まらない

バンコクの地価のゆくえ

「バンコクのコンドミニアムは明らかに供給過剰だ。それにも関わらず、新規プロジェクトの価格は上がり続けてきた。きっとそのうちバブルが崩壊するに違いない。そのときこそ安くなった物件を底値で拾ってやろう」と一部の逆張りを狙う日本人投資家たちは、ここ数年、虎視眈々とそのチャンスを待ち続けてきました。

しかし、いつまで経っても価格下落は起こりません。供給過剰問題どころか、2年前にはタイのGDP成長率はアセアンで最低の水準まで落ち込み、家計債務も一向に減らないにもかかわらず、

〔図表 26　地価上昇で住宅価格も上昇が続く〕

地価や建設コストの上昇は止まらない。
いつか住宅価格は値下がりすると
待っていても、きっと時間の無駄！
H
O
U
S
I
N
G

〔図表 27　コンドミニアム用地取得価格トップ 5〕

CBD土地取引成約価格　高額トップ5（2018年3月時点）					
		サイズ（㎡）	買主	成約価格 百万バーツ/4㎡	年度
1	ランスアン通り	3,520	SCアセットコーポレーション	3.17	2017
2	スクムビット・ソイ6	7,124	タイ・大林組	2.6	2017
3	スクムビット・ソイ26	3,188	レイモンランド	2.138	2017
4	トンソン通り	2,264	メイジャーデベロップメント	2.1	2017
5	英国大使館跡地	36,422	セントラルグループ＆香港ランド	2.03	2018

都心部、特にＣＢＤのコンドミニアム価格は今も上昇を続けているのです。

そして、その主たる原因はコストの中で大きなウエイトを占める土地の値上りですが、こんな状況下、バンコクのコンドミニアムを今買っていいものかどうか迷っている人も少なくないはずです。

そこで、この項ではこれからバンコクの地価はどうなっていくのかについて考察してみます。

バンコクの土地取引最高価格

この原稿を書いている２０１８年4月時点で、バンコクＣＢＤでの公表されている土地成約価格の最高は、セントラルルンピニーの一角、ランスアン通りで数か月前に売買された土地です。

これまでいつ出てもおかしくないといわれてきた３００万バーツ／４㎡（タランワー）の大台ですが、ラグジュアリーコンドミニアムを得意とするデベロッパーのＳＣアセットが購入して、初めて成約事例が出てきました。

ＳＣアセットによれば、この土地で開発されるスーパーラグジュアリー・コンドミニアムの販売価格は50万バーツ／㎡（約５７０万円／坪）を超えるが、それでも販売には自信をもっているとのことです。

土地の価格が３１７万バーツ／４㎡といえば、換算レート1バーツ＝3・４５円で計算すると、ちょうど９００万円／坪です。ＣＢＤのセントラルルンピニーの中心、ランスアン通りで、しかもチットロムの駅にも近いことから、まさにタムレ・トーング（一等地）です。その土地がこの価格

〔図表28　バンコク首都圏地価推移〕

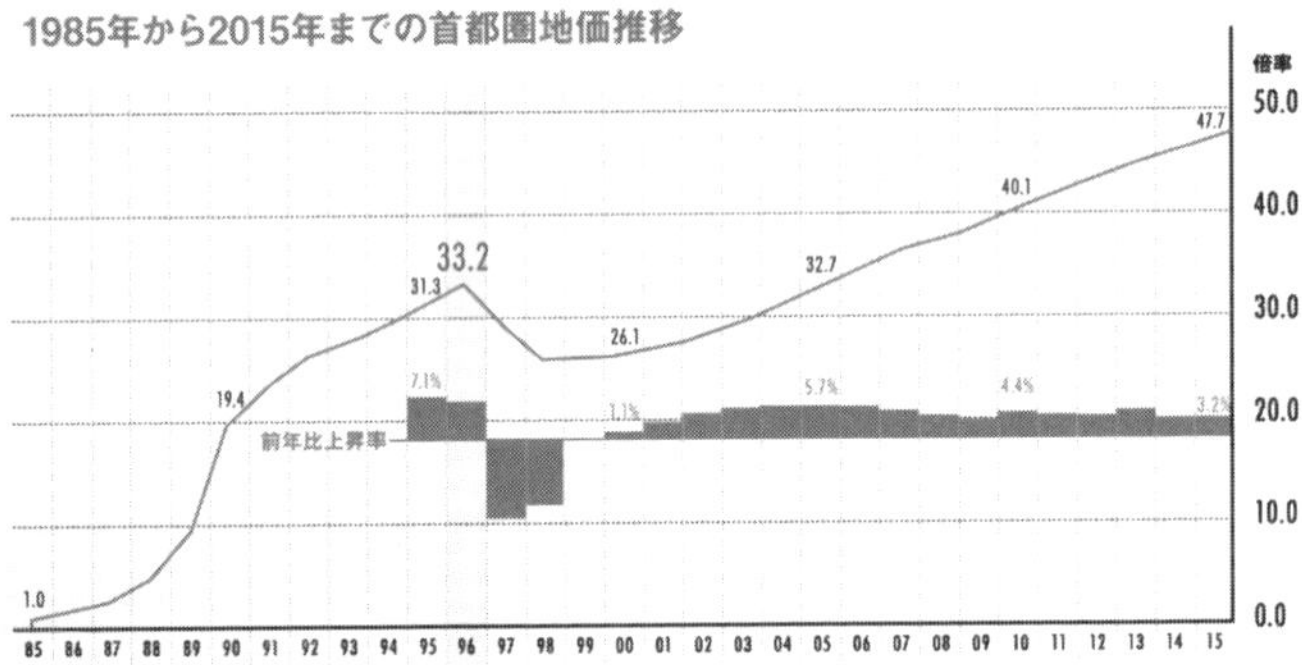

というのは、銀座の地価などに比べればまだ割安感があるのかもしれません。

バンコク首都圏の土地価格推移

さて、ここでバンコク首都圏の過去の地価推移を見ていくことにします。図表28はパリモントンと呼ばれるバンコク周辺の５県を含むバンコク首都圏全体の地価推移を、ＡＲＥＡが長年にわたり調査してきた結果です。

なお、ＡＲＥＡからは２０１７年までの数字も出ているのですが、グラフにはなってないので、ここで数字だけ書いておくと、２０１６年に指数が49・６、そして２０１７年が51・６とそれぞれ前年度比で４％ずつ純増していて、今もほぼこのグラフの延長線上で地価は上昇しているということになります。

このグラフからわかるのは、１９９７年にバンコクの不動産バブル崩壊が発端になって起こったといわれるアジア通貨危機、別名トムヤムクン危機により、首都圏全

〔図表 29　10 年間で 8 割上昇したコンドミニアム価格と地価〕

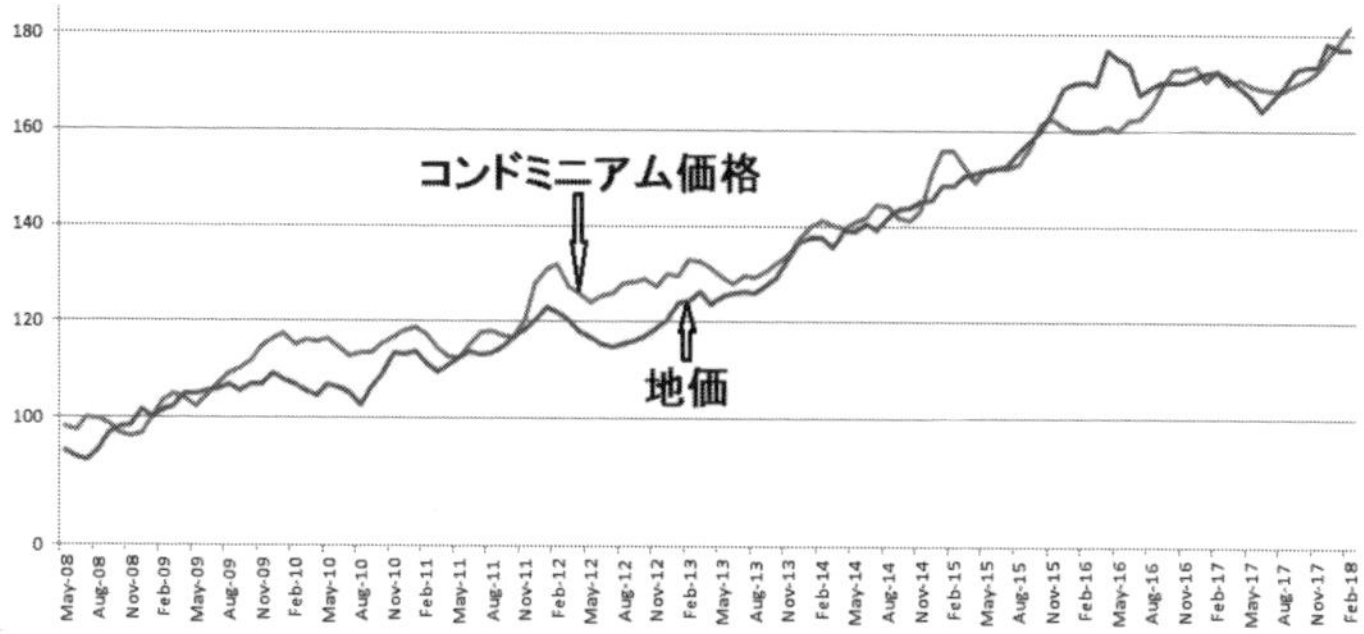

新規売出コンドミニアム価格と地価の推移（タイ中央銀行出典）

体の地価も大きく下落したのがわかります。

しかし、それでも当時のタイ経済はテフロン経済といわれるほど腰の強い成長力があり、その３年後の２０００年になってわずか１・１％ですが地価が再び上昇を始めています。

インドネシアや韓国と同様、タイもＩＭＦの救済を受けることになったものの、日本の長い後遺症に比べたら短いバブル崩壊だったわけです。

次に、タイ中央銀行が地価と新規で供給されたコンドミニアム価格の推移を２００８年から調査し始めているのですが、筆者がそのデータを基に作成したのが図表29です。

アジア通貨危機以降17年の間に、赤シャツと黄シャツによる内乱、大洪水、反政府運動、そしてクーデター等、何か起こるたびに不動産市場には紆余曲折があったのですが、それにもかかわらず、バンコクの地価とコンドミニアム価格は上昇トレンドを続け、この10年で８割上昇してきたのがわかります。

それはなぜなのか。事実を踏まえて後づけで理由を見つけるのは簡単なので、答えとして多くの人がいろんなことをいっていますが、多分、どれも正解なのだろうと思います。

ただ、筆者は、やはりタイのASEAN内での地理的な優位性とGDP2位の経済規模、不動産市場の透明性と成熟度、そしてタイにはバンコク以外、国際都市と呼べるような大きな街がなく、多くのタイ人が仕事を求めて毎年バンコクにやってくるので街が成長し続けているというのが地価上昇の大きな理由だろうと思うのです。

さらに、一時はタイプラスワンということで日系企業を始め多くの外資系企業がASEANのもっと人件費の安い国に新たなる工場を建設していきましたが、最近は停電が多くてすぐに工場が止まってしまうとか、基本的なインフラが整っていないという理由で、周辺国への工場進出の勢いもやや衰えてきているという話も聞こえてきます。

バンコク都心部の地価推移

そして次に、首都圏全体の地価推移からコンドミニアムというもっとミクロな市場に視点を移すと、タイの社会構造の変化で以前の大家族主義から核家族に移行しつつある中、便利でプライバシーのある都心部のコンドミニアムに対する住宅ニーズが高まっています。

その結果、郊外の戸建てよりもCBDやダウンタウン、フリンジといったバンコク都心部とマストランジットシステム（大量輸送機関）の駅周辺のコンドミニアム用地の地価が上昇を続けています。

そして、このエリアでは、ラムルアイと呼ばれるタイ人富裕層とアッパーミドルクラス、外国人投資家が市場を席巻しています。

タイ人は自己居住目的と投資目的で、そして外国人は自国の不動産に比べればバンコクはまだ割安感があり、しかも比較的利回りも高く将来キャピタルゲインも期待できるということで、投資目的だけでなく資産分散や将来のセカンドホーム目的で今も購入意欲は旺盛です。

したがって、都心部やそのフリンジエリアは、ミドルクラス以下を対象とする郊外とは別の動きをする市場であり、地価はよほどのことでもない限り、まだ値上りが続くと筆者は思っています。

もっとも、これまでのように、反政府運動や大洪水のような事件で一時的に下げる局面はこれからも何度かあると思いますが…。

3　コンドミニアム価格に及ぼす地価の影響が拡大

都市部ほど地価上昇

ＣＢＤでは今、プロジェクトのコスト全体に対する用地取得費用の割合が35％以上にもなるといわれていますが、今後も都心部ほど地価上昇がコンドミニアム価格に大きな影響を及ぼすことにな

〔図表 30　トンローでの用地取得価格と物件売出価格〕

プロジェクト名	デベロッパー	用地取得年度	用地取得価格/4㎡	平均販売価格/㎡
Tela Thonglor	ゲイソーンプロパティ	2014年	110万バーツ	30万バーツ
Laviq	リアルアセット	2015年	120万バーツ	24万バーツ
Beatniq	SCアセットサービス	2015年	130万バーツ	28万バーツ
The Bangkok	ランドアンドハウス	2016年	200万バーツ	37万バーツ

〔図表 31　ザ・バンコク・トンロー 1〕

ります。

人気の高級住宅地であるトンロー通りの地価は2年前に既に200万バーツ/4㎡(タランワー)に達していて、その価格で用地取得したランドアンドハウスが2017年に売り出したスーパーラグジュアリー級プロジェクト、ザ・バンコク・トンロー1の平均販売価格は37万バーツ/㎡でした。

この価格帯になるとさすがに割高感があり、今もなお販売中ですが、ブランドといい、スペックといい、筆者はトンローでは最高峰のプロジェクトではないかと思っているので、今後さらに地価が上昇していくにつれて、この割高感も解消されていくと考えています。

ところで、筆者はこのザ・バンコクに関してブログの中でかつて次のようなコメントをしています。

『個人的には今のトンロートップ5の中でもこれがベストだと思っています。デベロッパー、ロケーション、クオリティ、スペック、デザインとどれを取ってもトップクラスで、将来、トンローを代表するヴィンテージコンドになるのではないかとも思います。

もっとも、難をいえば天井高が2メートル90センチしかなく、スーパーラグジュアリーである以上、最低でも3メートルは欲しいところですが…。

平均価格も37万バーツ/㎡と競合物件のテラトンローやクンバイヨー以上ですが、資金さえ許せるのであれば5年、10年単位の長期的なスパンでは間違いない投資だと思います。

バンコクのコンドミニアムの外壁は吹き付け塗装が主流ですが、強烈な熱と紫外線で4、5年でクラックが入り、塗装も退色して古ぼけて見えるという問題があります。しかし最近、高級物件でよく見かけるようになってきたのが、ガラス面を増やしてハイテク感と高級感を醸し出すファサードデザインです。

日本では渋谷のヒカリエなどの商業ビルでよく見かけますが、ガラスは経年劣化しないので古臭くならないというメリットもあります。

特に、バンコクの20年位前のコンドミニアムと最近竣工したものを比べるとわかりますが、腰高窓が多い築年数の経ったコンドに対し、日本人以上に眺望を重視するタイ人らしく、最近のコンドミニアムはハイサッシを壁いっぱいに使ったパノラマビューの大きな開口部がトレンドになってきています。

その究極がファサード全体をガラスにしてしまうというやり方ですが、ザ・バンコクはLowEガラスを使った飽きのこない外観になっています。デベロッパーのランドアンドハウスは早くからガラス面を大きくするデザインを取り入れていて、例えば２０１０年に売り出したアソーク通りのザ・ルームでもガラス面を大きく取る工法を使っていますが、もう築5年以上になるのに今でもほとんど古さを感じさせません。

10年経っても高級感がありそれほど古臭くならないということは、中古になってもリセール価格が下りにくいという大きなメリットがあるということです』。

一方、これに対し同じトンロー通りにあるスーパーラグジュアリーのテラトンローは、早くから

〔図表 32　暑い南国でも開口部の広い間取りがトレンド〕

〔図表 33　テラトンロー〕

ロケーションのいい土地を110万バーツ/4㎡で取得できていたこともあり、平均販売価格は30万バーツ/㎡という割安感があり、ほぼ完売しています。

このプロジェクトについても筆者はブログの中で次のように評価しています。

『ゲイソーン・プロパティによるスーパーラグジュアリーです。ゲイソーンは大手デベロッパーというわけではありませんが、高級コンドを得意としていて、リッツカールトン・マハナコンを開発したペースやザ・リバーを開発したレイモンランドに近い高級物件を得意とするデベロッパーです。

商業ビルの開発が多く、レジデンシャルはあまり実績がありませんが、エッカマイのMODE61というローライズを見たことがあります。広々とゆったりしたデザインで普通のローライズより高級感があり、どちらかというと、富裕層相手の高級物件を開発するデベロッパーというのが彼らに対する私のイメージです。

通常、ローライズは23メートルの高さ制限があるのでどうしても地味なプロジェクトが多くなり、ハイライズに比べるとロケーションが同じであっても平米単価も10%から15%程安くなります。

しかし、ゲイソーンのMODE61はプライバシーを重視する家族連れの駐在員に人気があり、1つの建物に数百ものユニットがてんこ盛りになったようなハイライズを嫌うテナントに選ばれています。

今回のテラ・トンローもそういった富裕層狙いのスーパーラグジュアリーで、小さな1ベッドルームなどというものは1つもありません。価格も最低3,300万バーツ、つまり1億円以上です。

各階4ユニットしかなく、一番小さいユニットで111㎡、全部でわずか84ユニットしかないプライバシー性の高い31階建てハイライズです。

ゲイソーンらしく我が道を行くという感じで私は好きですが、こういうのは家賃が10万バーツを超えてくるので、日本人駐在員でも借りられる人の数がかなり絞られてしまいます。

したがって、イールドプレイには不向きで、どちらかというと自己居住しながら資産として将来値上りするのを待つというキャピタルゲイン狙いになると思います』。

ところで、ザ・バンコクのデベロッパーは大手のランドアンドハウスですが、テラトンローも高級プロジェクトで定評のあるゲイソーンなので、ブランドとしてはほぼ互角ではないかと筆者は思います。それであれば、割安感のあるテラトンローが早々と完売するのも納得がいきます。

ちなみに図表30にあるラビックやビートニックもトンローですが、地型が悪かったりロケーション的にちょっと落ちるため、筆者は当初の売出価格に特に割安感は感じませんでした。

また、2018年に入ってトンロー駅前で売り出されたシンハーのエッセは用地取得価格が不明ですが、平均販売価格は33万バーツ/㎡です。ロケーションとしては駅の南側なので、同じトンローでもザ・バンコクに比べると1ランク落ちますが、それでもこういう価格帯のプロジェクトが出てくることによって、ザ・バンコクもやがて割高感が解消されていくのです。

このように、開発コスト全体に占める用地コストが大きいCBDほど、地価上昇がコンドミニアムの販売価格に大きな影響を与えるので、どうせCBDでプレビルドを買って利回りよりキャピタルゲインを狙うのであれば、これはと思えるプロジェクトがあれば、地価がどんどん上がっていく前にできるだけ早く買ったほうが得だと筆者は考えています。

4　進行するキャップ・コンプレッション

CBDの5％利回りも限界に来ている

よくいわれるのが、バンコクの新築コンドミニアムはCBDでも5％の利回りがあるので香港や中国の大都市に比べて高いというものです。

しかし、これには疑問があります。確かに、プラカノンやオンヌットといったダウンタウンとミッドタウンの境界、いわゆるフリンジであれば5％以上の利回りもまだ取れると思うのですが、CBDではもうそんなには取れないだろうと思うのです。

トンロー通りを例にとると、ここで一番多い外国人居住者は日本人ですが、投資対象として手ごろな物件は50㎡前後の1ベッドルームか2ベッドルームです。

そして、筆者のイメージとしては、大手企業の単身赴任か夫婦2人の駐在員の場合、会社の家賃負担は大体5万バーツから6万バーツが中心だと思うのですが、これで30万バーツ/㎡の新築物件で50㎡の2ベッドルームに1，500万バーツを投資しても、グロスで4・4％前後の利回りになってしまいます。

それでもこの利回りはそう悪くはないと筆者は思いますが、バンコクはＣＢＤでも５％の利回りという考えはそろそろ限界に来ているのではないかと思うのです。

不動産エージェントのＪＬＬタイランドのレポートによれば、バンコク都心部高級物件のネット投資利回り（ＣＡＭ等の運営費用控除後）は３％と、５年前の半分になったとのことです。

投資利回りの低下が進む

それでも最近のラグジュアリーコンドミニアムの投資家は、賃貸利回りよりもキャピタルゲインを目的に買い続けているということであり、その結果、投資利回りの低下が一段と進んできています。

理由としては、最近はバンコク不動産市場の透明度が高くなり、タイ人富裕層が市場動向に関する詳しい情報を入手できるようになったことから、「都心部では今後優れたロケーションの用地取得がますます困難になる、その結果、一等地の地価はさらに上昇しコンドミニアムも値上りする」と考えるようになってきているからとのことです。

一方、香港やシンガポールの投資家にとっては、スーパーラグジュアリー級コンドミニアムは別としても、ラグジュアリー級物件の価格には今もまだ相当な割安感があり、利回りでもシンガポールの２％以下に比べればまだバンコクは魅力があるということです。

すなわち、これは筆者が前著書やブログで以前から書いてきたように、ＣＢＤでキャップ・コン

〔図表 34　キャップコンプレッションとキャピタルゲインは表裏一体〕

〔図表 35　2009 年 9 月プリセールのノーブルリファイン販売価格〕

Floor 19

Noble Refine Price List (only for 27 Sep 2009)

Floor	Unit No.	Unit Type	Area (Sq.m.)	Unit Price (Baht)	5% Special Discount	Net Price (Baht)	D…
							Booking
19	19S1	Studio	31.67	3,763,000	189,000	3,574,000	50,00
19	19B2	2 Bed	70.88	7,738,000	387,000	7,351,000	100,0
19	19A3	1 Bed	53.44	6,200,000	310,000	5,890,000	50,0
19	19A4	1 Bed	51.39	5,800,000	290,000	5,510,000	50,(
19	19A5	1 Bed	51.93	5,833,000	292,000	5,541,000	50,
19	19A6	1 Bed	51.47	5,782,000	290,000	5,492,000	50,
19	19A7	1 Bed	47.84	5,624,000	282,000	5,342,000	50,
19	19B8	2 Bed	68.45	7,365,000	369,000	6,996,000	100
19	19S9	Studio	33.24	3,815,000	191,000	3,624,000	5
19	19A10	1 Bed	50.63	5,714,000	286,000	5,428,000	50
19	19A11	1 Bed	51.79	6,009,000	301,000	5,708,000	5
19	19A12	1 Bed	55.81	6,505,000	326,000	6,179,000	5
19	19A12x	1 Bed	50.62	5,793,000	290,000	5,503,000	5

This Price List is subject to be changed without prior notice.

プレッション（収益還元利回りの低下）が起こっているということです。もし、家賃収入が同じで5年前なら6％あったネット利回りが、今は市場価格に対して3％にまで下がったということであれば、物件価値が倍になったということです。つまりキャップコンプレッションとキャピタルゲインは表裏一体ということなのです。

その結果、例えば10年前にダウンタウンのロケーションのいいところでコンドミニアムを買った人は、その後のキャップコンプレッションでキャピタルゲインが発生し、建物自体は古くなって劣化してもやっぱりあのとき買っておいて正解だったと喜んでいるはずです。

ここで1つの例を挙げてみます。図表35はプロンポンのスクムビット・ソイ26にあるノーブル・リファインというプロジェクトの例ですが、ちょうど筆者がバンコクで最初の投資物件を購入したのと同じ年の2009年9月に、プリセールで売り出された25階建て19階部分の価格表です。

ちなみに、ノーブルというデベロッパーは当時からそうですが、プリセールの日を限定してその日に買ってくれる顧客だけに一律5％のプリセール値引きをくれます。したがって、一発勝負なので、海外在住の日本人にはなかなかこの値引きは取れません。

筆者が知っている会社でも、ノーブルＢＥ33のプリセールのときに10ユニットほどシンガポールの投資家のためにまとめて買い取るので、前もって2ベッドルームをチェリーピッキングさせてくれないか交渉したところ、あっさり断られていたので、なかなか外国人がプリセールでいいユニットを買うのは難しいということです。

〔図表 36　ノーブルリファインの中古物件広告〕

210,000バーツ/㎡

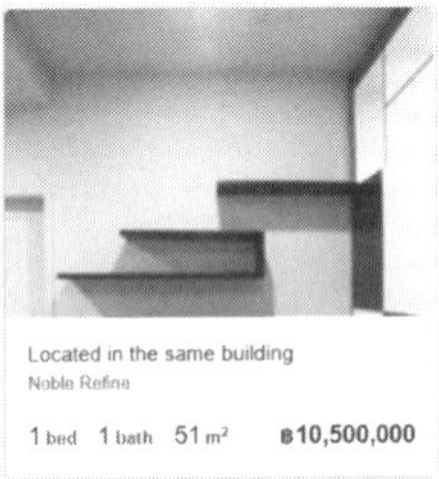

205,880バーツ/㎡

209,700バーツ/㎡

217,000バーツ/㎡

〔図表 37　ノーブルリファインの中古市場売出価格推移〕

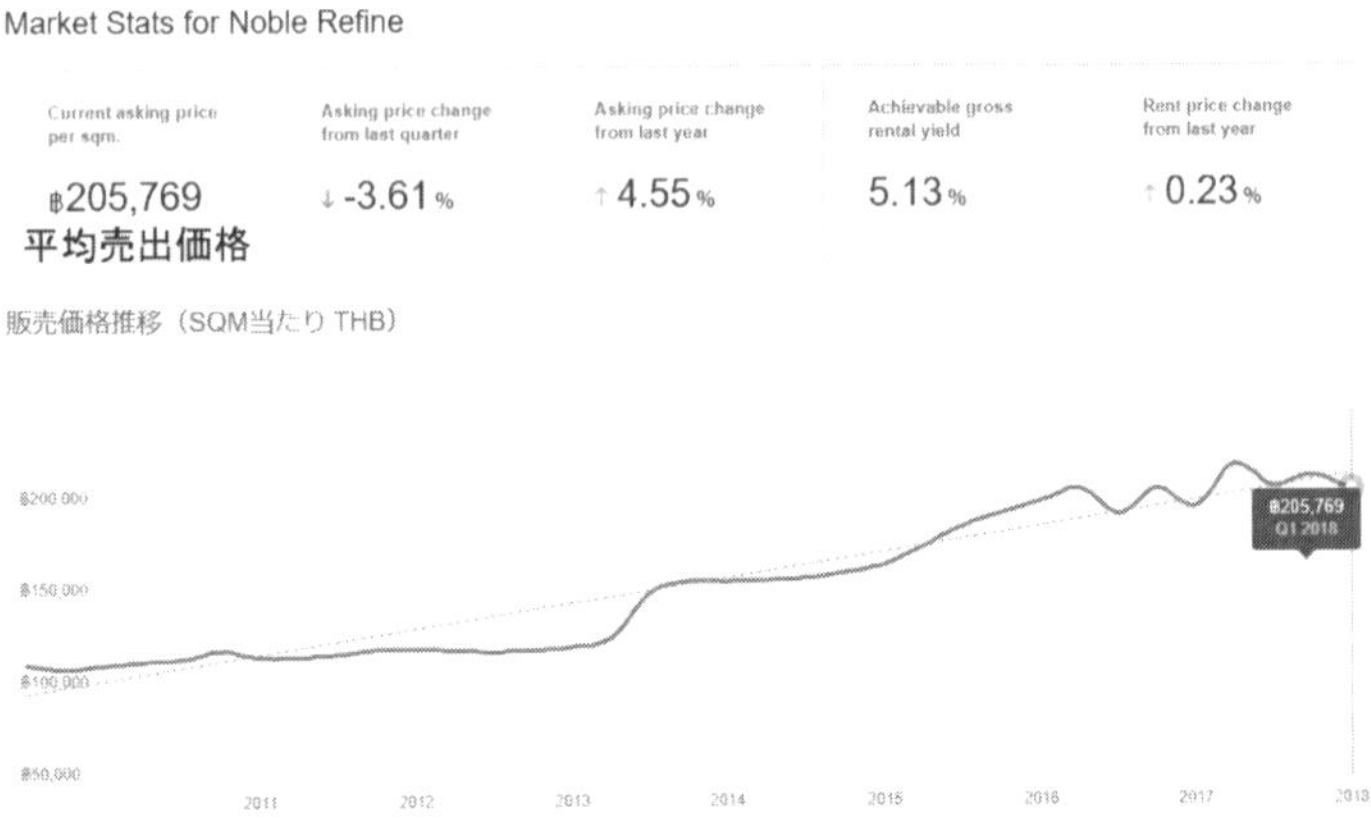

さて、話を元に戻すと、例えばこの価格表で上から4番目の19Ａ４タイプ、51・39㎡、価格５８０万バーツの１ベッドルームをプリセールで買ったとすると、値引き後で５５１万バーツ、つまり１０７，２００バーツ／㎡だったわけです。

そしてこのプロジェクトはその3年後、２０１２年に無事竣工し、築6年の中古となった２０１８年現在の市場価格は、Hipflat で実際に売り出されている物件の価格を参考に大体19万バーツ／㎡前後だろうと推定できます。

つまり、２００９年のプリセールで買って2年かけて25％のダウンペイメントを払っていき、２０１２年の竣工引渡し時に残金を払っていれば、今なら倍近い価格で売れることになり、しかも5年以上の保有期間があるので特定事業税もゼロということになります。

さらに、この間、賃貸に出していれば家賃収入も入ってきていたわけなので、効率の高い投資ができたということになります。

なお、これについては、第6章2項でこのケースを基に想定キャッシュフローを作成し、実際にＩＲＲ（内部収益率）を算出し、不動産投資の複合利回りについて解説していきます。

このように、希少価値のあるロケーションであればあるほど地価上昇が進み、建物の経年劣化による減損を上回って物件価値が上がることがわかります。

ただし、バンコクではＣＢＤであっても毎年かなりの新規供給があり、しかも今は世界的な低金利、つまりほとんどインフレがない状態なので一等地の物件でも家賃はほとんど上昇しません。現状維持かむしろ経年劣化に伴い下ることもあります。

いずれにせよ、優れたロケーションの物件は、収益還元法による還元利回りの低下、すなわちキャップコンプレッションが進むのです。そして市場が満足する水準までキャップコンプレッションは続きますが、これが度を越したのがバブルです。

5　ミッドタウンに向かう外国人投資家マネー

セグメンテーション表

ＣＢＲＥやナイトフランク、ＤＤプロパティのセグメンテーション表を参考にしながら、筆者が直近のデータを反映させて作成したのが図表38のセグメンテーション表です。

基本的にセグメントを決定づける上で最も重要なのはやはり平米単価であり、他の3項目は補完的なものですが、本書を読む中での参考資料として見てください。

図表39のグラフのように、２０１７年末時点でＣＢＤの新規プロジェクトの平均販売価格は26万バーツ/㎡にも達しているとＣＢＲＥが報告していますが、このグレードセグメンテーション表でいえば、そのほとんどが価格帯でラグジュアリーコンドミニアム以上のセグメントに入っているということになります。

しかし一方で、実際によく売れている価格帯は20万バーツ/㎡以下で金額も1，０００万バーツ

〔図表38　2018年コンドミニアム・セグメンテーション〕

2018セグメンテーション表				
セグメンテーション	平米単価	最低ユニット価格	広さ	ロケーション
スーパーラグジュアリー	300,000 <	2,000万バーツ	55㎡以上	CBDメインロード
ラグジュアリー	200,000 ～ 300,000	1,000万バーツ	45㎡以上	CBDソイを含む
ハイクラス	150,000 ～ 200,000	500万バーツ	35㎡以上	ダウンタウン、フリンジ
アッパークラス	100,000 ～ 150,000	300万バーツ	30㎡以上	フリンジ、ミッドタウン
メインクラス	70,000 ～ 100,000			ミッドタウン
エントリークラス	< 70,000			サブアーバン

〔図表39　新規供給ハイエンドコンドミニアムの売出価格推移〕

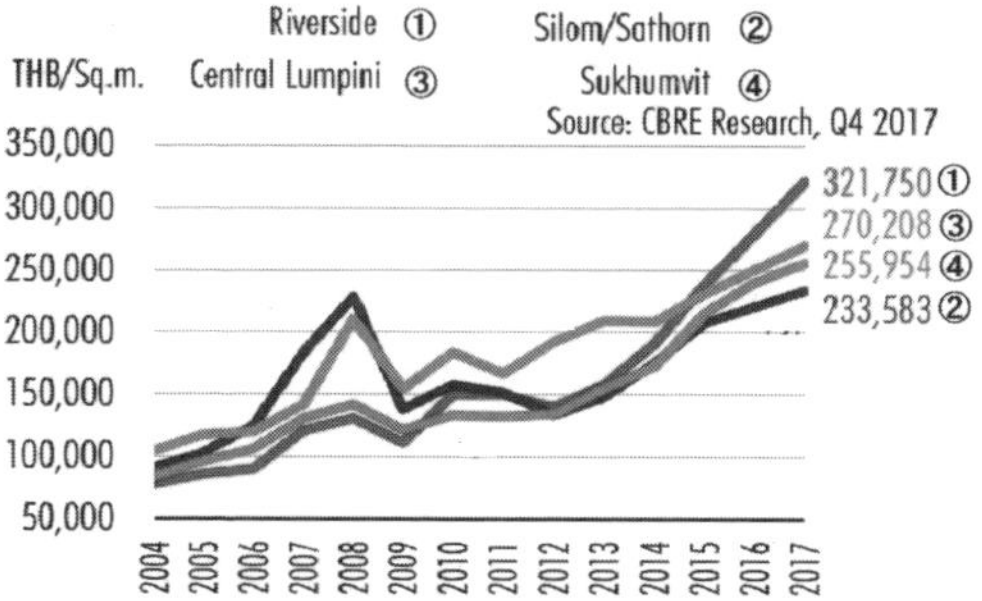

以下に集中しているとCBREは報告しているので、やや需要と供給にミスマッチが出ていることになります。

そんな中、これまでタイのデベロッパー各社がミッドタウンや郊外の物件も海外でマーケティングをしてきたこともあって、予算的に厳しくなった外国人投資家、特に香港投資家などは次第に価格が高騰したCBD以外のところにも投資し始めています。

まさに第1章3項のコリアーズのグラフ（図表9）の販売達成率の高い売れ筋の価格帯に移っているということであり、やはりこの辺が外国人投資家のボリュームゾーンかと納得できます。

実際、CBRE香港のレポートでも、香港の投資家はバンコクのミッドタウンやマ

〔図表 40　コンドミニアムの大量供給が続くラーマ９〕

ストランジットシステム新線、延伸線沿線の将来値上りが見込める郊外でも投資を始めていて、今後もこの流れは続くということです。

例えば、ＢＴＳスクムビット線であれば、バンナーのようなミッドタウンに向かって投資エリアがシフトしてくるというのは筆者もわかるし、近い将来、ここの駅前ハイライズ（超高層）プロジェクトで10万バーツ／㎡以下で売り出されるものはなくなってくるだろうと思います。

しかし、レッドラインやオレンジライン、イエローライン沿線のプロジェクトについてはまだ時期尚早であり、本章６項で書くように、今後マストランジットシステムの路線間格差も出てくると思うので、もう少し様子を見たほうがいいのではないかと筆者は思っています。

また、筆者個人としては、日本人投資家はラーマ９やラチャダーピセーク通りもやめておいたほうがいいと考えています。もともとＭＲＴ沿線は中国大使館もあり香港や中国の投資家が好んで投資するエリアなので、彼らにとっては中国人に貸しやすいということで投資の理屈はわかるのですが、最近のラーマ９の供給過剰を見るにつけて、ここはリスキーだという考えが先に立つからです。

それにタイ人の賃貸仲介業者と話していても、彼らもラチャダーピセーク通りはあまり取り扱いたがりません。何故かと聞くと、白人や日本人駐在員に比べて中国人や韓国人は安い家賃にこだわるので、同じ1か月分の仲介料なら家賃の高い日本人客を扱いたいということでした。

6　マストランジットシステム路線間格差が始まる

パープルラインの二の舞になるリスクがある新線沿線

筆者は前著書で、コンドミニアム市場が供給過剰になるのが明らかであったので、「パープルライン沿線は買ってはいけない」と書きました。

そして２０１６年８月に開通したパープルライン人気はやはり期待外れで、当初、オペレーターであるＭＲＴは1日10万人の利用客が目標と豪語していたそうですが、初年度の乗降客数は1日当りわずか2万人と毎日９００万円もの赤字を垂れ流す状態でした。

今はブルーラインのタオプーン駅と直接つながったことで、次第に乗降客の数が増えてきていますが、それでもまだ沿線のコンドミニアムは苦戦が続いています。

〔図表 41　開通当時のパープルライン車内〕

2016年開通当時、毎日900万
円の赤字を出しながら、閑古鳥
が鳴いていたパープルライン

〔図表 42　パープルライン沿線のコンドミニアム市場調査の概要〕

・完成した販売済物件のわずか４７％のユニットにしか今も人が住んでおらず、バンコク都内の平均７２％に比べて入居率が著しく低い。つまり、パープルライン沿線ではデベロッパーが当初ターゲットにしていた自己居住の需要は少なく、転売目的の投機買いが非常に多かったということである。

・コンドミニアム価格上昇率もほかのエリアの平均年率４．２％に対して、パープルライン沿線は年率３．４％と低い。また、賃貸利回りについてもほかのエリアの４．５％に対し、４．１％と低い。これらは全て供給過剰が原因である。

・デベロッパーは現在、新規プロジェクトの開発を遅らせながら市場が徐々に既存の販売在庫を吸収していくのを待っているところであり、同時に今も低迷するミドルクラスの住宅購入意欲が回復するのを待っているところでもある。

不動産鑑定調査機関のＡＲＥＡが最近パープルライン沿線のコンドミニアム市況を調査した結果、「パープルライン沿線のコンドミニアムは転売目的の投機買いがほとんどであった。そして、彼らはほとんど儲かっていない」と結論づけしていますが、図表42がその調査結果の概略です。

しかし、ここまで価格が下落したらもうそろそろ底値が近いのではないか、というようなコメントもＡＲＥＡは出していて、この辺に住む理由があり、自己居住目的で買うのであればタイミングとしては悪くはないのだろうと思います。もっとも、だからといってこれから値上りが始まるというわけではなく、投資物件として相応しいかどうかは別の問題ですが…。

さて、多くの調査機関が、２０１８年以降はグリーンラインの北部、東部延伸線、ピンクライン、イエローライン、オレンジライン等の新線沿線でたくさんの新規供給が出てくると予想しています。確かに、毎年売上と利益を増加させて成長を続けなければならないデベロッパーがこのチャンスを逃すはずがありません。

しかし、コンドミニアム市場の拡大と成長は次々と新しいプロジェクトを開発しなければならないデベロッパーにとっては重要ですが、投資家にとって必ずしも利害が一致するわけではありません。空室リスクが低い人気物件を買って、できるだけ高い利回りで賃貸運用し、最後の「出口」でキャピタルゲインを実現することが不動産投資の目的であり、パープルラインのような供給過剰地帯では不動産投資は相容れないのです。

したがって、バンコクのコンドミニアムに投資する場合、マストランジットシステム（大量輸送

〔図表 43　現在のマストランジットライン〕

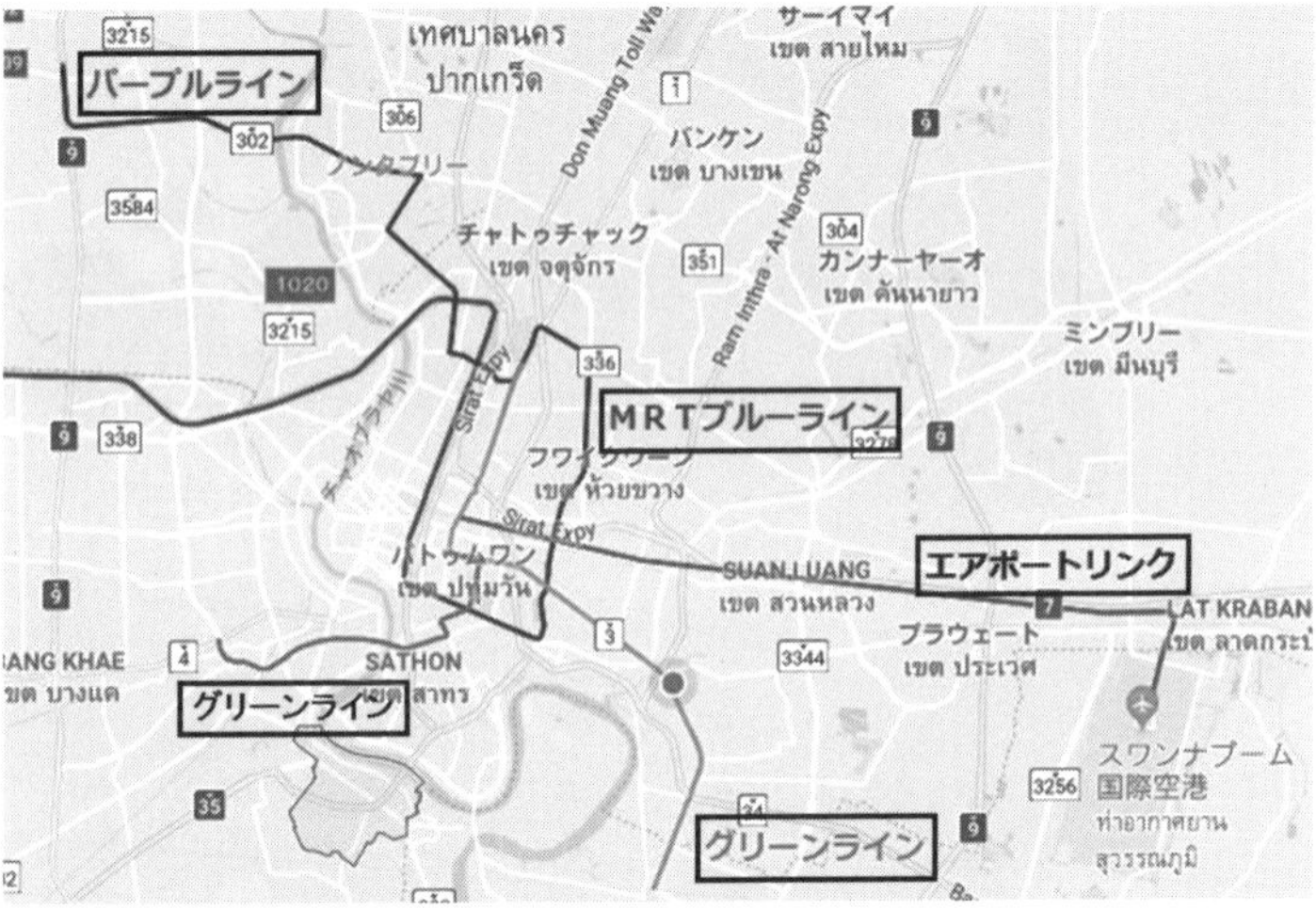

〔図表 43B　バンコクのマストランジットシステム比較〕

バンコクのマストランジットシステム（大量輸送機関）について		
ヘビーレールライン ライトレールライン	1方向で1時間当たり6万人の輸送が可能 同2万人の輸送が可能	
	1日の乗降客数	
グリーンライン ブルーライン エアポートリンク パープルライン	74万人（スクムビットラインとシーロムライン） 34万人 6万人 5万人弱	
	沿線のCBD（中心部ビジネス街）駅	**次世代CBD**
スクムビットライン シーロムライン ブルーライン エアポートリンク パープルライン	アソーク、チットロム、プルンチット、プロンポン、トンロー ラーチャダムリー、サラデーン、チョンノンシー シーロム、スクムビット パヤータイ なし	バンナー ラーマ9

機関）などの路線でも投資対象として魅力があるのかというと、そうではなく、これから路線間格差がはっきりしてくると思っています。

ＣＢＲＥのレポート

これに関して、Not Every Line Is Equal（すべての路線に同等の魅力があるわけではない）という題名で、ＣＢＲＥからも1年ほど前にこんなレポートが出ています。

『最初のマストランジットシステムの出現（注：１９９９年12月、ＢＴＳスクムビットラインが開通）は、それまでのバンコクのコンドミニアム市場を一変させただけでなく、若い人が結婚を待たずに実家を出て、コンドミニアムに１人で住むという新しい生活パターンをも生み出した。

しかし、今、すべてのマストランジット路線（図表43）が同等に魅力があるかというとそうではない。路線の人気度は乗客数と相関関係があることがわかっているが、現在最も人気がある路線はＢＴＳグリーンラインで１日に74万人の乗客が利用する。そしてＭＲＴが34万人で、エアポートリンクが６万人と続く（図表43Ｂ参照）。

そんな中、開通後の人気を先取りして、この3年間に沿線で大量のコンドミニアムの新規供給があったパープルラインの乗客数は、いざ開通してみれば１日わずか2万人強（注：現在はブルーラインとつながったので5万人弱）と予想外の不人気である。

現在、パープルライン沿線の各駅から８００メートル以内にあるコンドミニアムは５５，０００

ユニットにも上る。しかし、パープルラインが「速く安くダウンタウンに行ける交通手段」という利用者の需要に応えられなかった場合、今後の沿線住宅需要は縮小する可能性さえある。

これからは消費者がマストランジットの路線選別に厳しくなり、魅力がある路線とないもので差別化が起こるようになるのである』

バンコク都内居住人気

タイは日本と違って通勤にかかる交通費は自己負担です。したがって、特にミドルクラスの勤め人にとって運賃が安いことは重要なポイントであり、ＣＢＲＥの指摘は基本的には正しいと思います。しかし、この「速く安くダウンタウンに行ける交通手段」であるかどうかだけで人気が決まるのかというと、それは違うと筆者は考えています。

いくら短時間で安く移動できるとしても、最近の住宅購入希望者に対するアンケート調査結果からわかっているのは、今のタイ人サラリーマンはバンコク都内に住みたがり、不便なパリモントンと呼ばれる郊外は人気がありません。それに、パープルラインが走るノンタブリ県に行ってみればわかりますが、白人や日本人はほとんど見かけないし、スクムビット通り沿線に住むタイ人達もノンタブリ方面にはほとんど興味を示しません。

すなわち、路線ごとにブランドができつつあるのだと筆者は思っています。このことは、我々日本人にはわかりやすいはずですが、例えばＣＢＤや副都心を結ぶ中央線や東横線沿線は昔からブランドがあり人気の高い駅も多いし、それが衰えることはありません。

したがって、バンコクCBDの間を走り、1日当たり74万人の乗降客が使うグリーンラインと、主にバンコク郊外を走る新線の間では当然人気格差があり、特に職住接近を重要視するタイ人にとっては、これがブランドとなって今後も不動産価格に与えるであろう影響は明らかです。

そういう理由から、筆者は今後ブランド路線になるかどうかがまだはっきりしてない新線沿線での不動産投資には消極的であり、既存のブランド価値がある路線での投資をおすすめします。また、敢えて日本人投資家にとって有望な新線を1つ挙げるとすれば、それは次に説明するグレイラインではないかと思っています。

7　5年後に様変わりするロケーション

タムレサカヤパープ

ここでは筆者が考える5年先に大きく値上りしている可能性が高いタムレサカヤパープ（将来発展する潜在力のあるロケーション）について書こうと思います。

現在、日本人だけでなく外国人投資家の間で最も人気があるのがスクムビット通りですが、前項で書いたように、BTSグリーンライン、中でもスクムビットラインは今後もブランド路線として人気は衰えないと思っています。

〔図表 44　グレイライン〕

〔図表 44B　グレイライン第 2 フェーズの経路計画〕

最近人気が出てきている、地下鉄ＭＲＴのブルーラインが走るラーマ９やラチャダーピセーク通りも良くなっていくとは思うのですが、中国人投資家が好む通りであり、賃貸する場合も入居者はやはり中国人エクスパットや民泊で利用する中国人観光客になる可能性が高いと思っているので、我々日本人投資家の場合はちょっと苦戦しそうです。

したがって、日本人が投資すべきはこれからもやはりＣＢＤ間を走るＢＴＳスクムビットラインだと考えているので、この沿線で外国人投資家の予算のボリュームゾーンである４００万バーツから８００万バーツで投資できる、要注目のタムレサカヤパープを３つ挙げていきます。

プラカノン

プラカノン駅は、以前はダウンタウンの東の端でミッドタウンとのほぼ境界にある比較的地味な駅でした。しかし、最近は駅の南側に商業施設がオープンし、オフィスビルも建設中であり、これから生活利便性は良くなります。

第5章5項で書く外国人デジタルノマド達にとって、プロンポンやトンローほど家賃が高くなく、しかも外国人コミュニティーやナイトライフのある都心部にも近いことから、プラカノンは隣駅のエッカマイやオンヌットと並び人気があるのですが、今後駅前のビルでコーワキングスペースも提供されるし、さらに人気が出ると思います。そして、プラカノンで筆者が最も注目しているのが、スクムビット通りとラーマ3世通りを結ぶグレイラインの第2フェーズ計画です。まだ計画決定にはなってないので何ともいえませんが、最近の情報では、始発駅をスクムビット通りとラーマ4世通りの交差点上、つまりBTSスクムビットラインのプラカノン駅のすぐ横につくる計画が最も可能性が高いようです。

これであればラーマ4世通りの上をスカイトレインが走れるので、土地収用がほとんどなくて

〔図表45　グレイライン第2フェーズの新駅計画〕

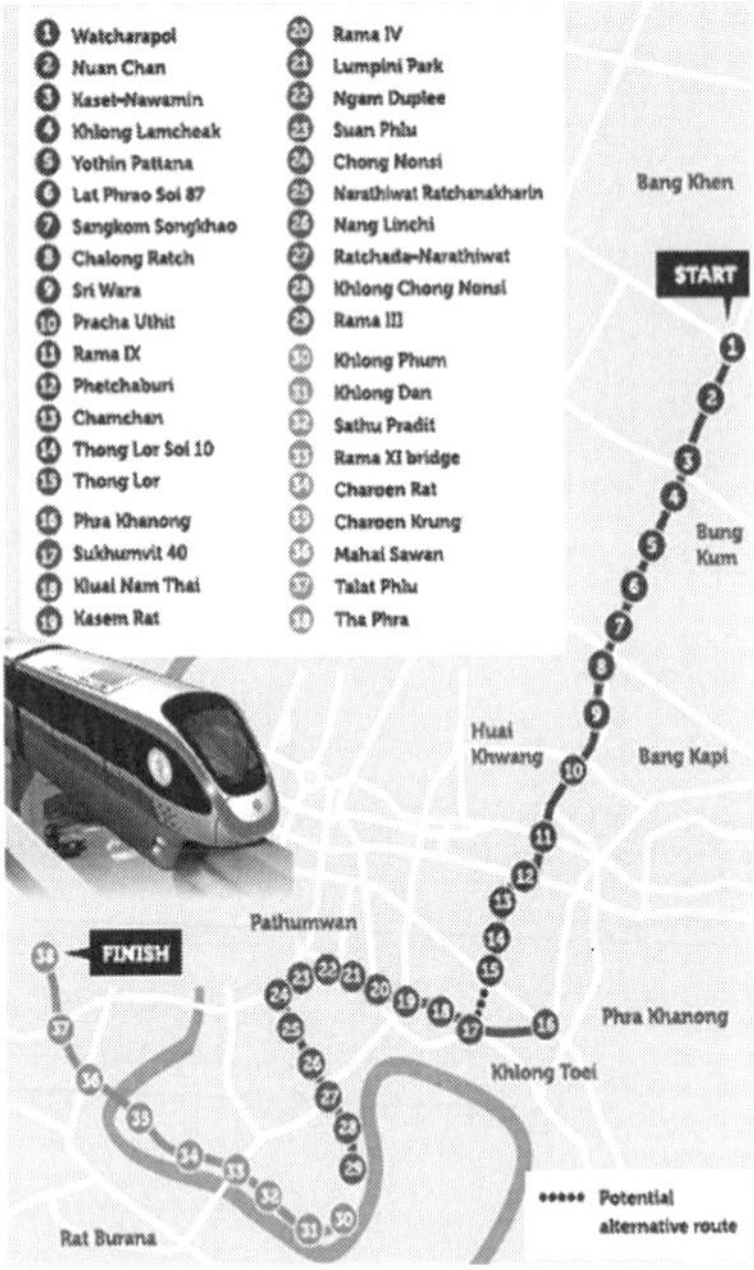

〔図表46　渋滞するラーマ4世通り〕

すみ、工費も工期も少なくできるという理屈の通った計画です（図表45の16番から29番までが第2フェーズです）。

そして、このグレイラインはチャオプラヤー川の向こうのタープラまで延びて大環状線のブルーラインにつながる第3フェーズまで計画されていて、将来これが開通すれば、バンコクの3つのCBDをつなぐBTSグリーンラインに匹敵するほどの重要性をもつ可能性もあります。

もっとも、グレイラインはモノレールなので輸送能力はあまり高くありませんが、住宅地がほとんどの郊外を走るだけのパープルラインに比べれば、シーロムとスクムビットの2つのCBDをつなぎ、しかも次に挙げるクイーンシリキットやワンバンコクといった大型複合開発の間を走り抜けるという経済的重要性の観点から、当然こちらのほうに価値があると筆者は考えています。

また、AREAの予想によれば、この第2フェーズの計画決定がされて工事が始まった途端、ラーマ4世通りの地価は倍以上に跳ね上がるだろうとのことです。もともとラーマ4世通りは東京の明治通りのようなCBDを結ぶ重要な通りで、ラッシュ時は大渋滞になるのですが、渋滞を避けてその上をモノレールが走るわけですから、この経済価値は大きいわけです。

しかも、この通りの沿線では次のようなホテルや商業施設、住宅を含めた大型複合開発が進んでいます。

ワン・バンコク：TCCアセットとフレイザーズ・センターポイントによる104ライ（約17万㎡）を使うオフィス、店舗、ホテル、住宅のバンコクで最大の複合開発。図表47からも数ある複合

〔図表 47　ワン・バンコク複合開発〕

バンコクの複合開発　ビッグ１５

Project	Developer	Year of completion	Value (Bt:billion)
One Bangkok	TCC Group	2025	125
Forestias	MQDC*	2022	90
The Grand Rama 9	Grand Canal Land Plc	2020	60
Icon Siam	MQDC* and Siam Piwat	2018	50
Park Origin Thonglor	Origin Property Plc	2023	37
Dusit-Central	Dusit Thani and Central Group	2525	36.7
Four Season Private Residence	Country Group	2018	32
Whizdom 101	MQDC*	2018	30
Bangkok Mall	The Mall Group	2023	30
Park Origin Prom Pong	Origin Property Plc	2025	23
The PARQ	TCC Group	2025	20
Supalai Icon	Supalai Plc	2025	20
Singha Complex	Singha Estate Plc	2021	10
Park Origin Phayathai	Origin Property Plc	2025	10
Samyan Mitrtown	Golden Land Property Development plc	2020	8.5

Note: MQDC is Magnolia Quality Development Corporation

〔図表 48　ＦＹＩセンター〕

開発計画の中でも破格の規模であり、新たなCBDができるというのがわかります。

FYIセンター：クイーンシリキット・コンベンションセンターでのゴールデンランドによるオフィスとサービスアパートメントの開発

さらに、TCCももう1つの複合開発をクイーンシリキット・コンベンションセンター近くの56，000㎡の敷地で行う予定で、2025年までにラーマ4世通りをバンコクの新しいランドマークにすると豪語しています。

このような状況下、ラーマ4世通りの今後の発展は確実視されていて、その起点がプラカノン交差点であり、しかもその上を走るグレイラインの起点もそこになるとすれば、プラカノン駅の将来性は抜群だと筆者は考えます。

それに、もし当てが外れてグレイラインの着工が遅れる、もしくは最悪計画が中止になったとしても、これからのラーマ4世通りの発展を考えれば、プラカノンの人気が上昇していくのは間違いなく、この駅周辺のコンドミニアムに投資してキャピタルロスを被るようなリスクはほとんどないと思います。

オンヌット

オンヌットについては、前著書の中でもミッドタウンフリンジで最も有望なロケーションとして、紙面を割き詳しく解説しています。

〔図表 49　オンヌット駅前〕

〔図表 50　ＢＴＳスカイトレインで最も地価が上昇した駅〕

AREA地価鑑定価格					
順位	駅名	2010年地価 バーツ/4㎡	2017年地価 バーツ/4㎡	2017年 地価上昇率	平均地価上昇率 （過去7年間）
1	オンヌット	**400,000**	**700,000**	**11.10%**	**8.30%**
2	サムットプラガン	65,000	100,000	11.10%	6.30%
3	サイルアット	75,000	120,000	9.10%	6.90%
4	ラーチャダムリー	**1,000,000**	**1,600,000**	**8.80%**	**6.90%**
5	トンロー	**750,000**	**1,400,000**	**7.70%**	**9.30%**
6	ベーリング	150,000	280,000	7.70%	9.30%
7	サナームパウ	500,000	850,000	7.60%	7.90%
8	アヌサワリー	550,000	850,000	7.60%	6.40%
9	チョンノンシー	900,000	1,500,000	7.10%	7.60%
10	スーラサク	900,000	1,500,000	7.10%	7.60%
11	プラカノン	**450,000**	**750,000**	**7.10%**	**7.60%**
12	バンジャーク	260,000	450,000	7.10%	8.20%
13	プレークサー	100,000	150,000	7.10%	6.00%

また、最近、不動産鑑定調査を行うＡＲＥＡ（Agency for Real Estate Affairs）から出てきた図表50の「ＢＴＳスカイトレインで最も地価が上昇した駅」の表を見てもらえばわかりますが、前著書を出版してから2年が経った今もなお、オンヌット駅周辺の地価は上昇を続け、２０１７年には11・１％とＢＴＳの駅全体の中で最も地価が上昇しました。同時に過去7年間の年間平均地価上昇率も8・3％とトンローに次いでトップクラスです。

実際、筆者自身も２０１２年にオンヌット駅前のＱハウス、44㎡の２ベッドルームを５００万バーツ強で購入しましたが、現在、このユニットは15万バーツ／㎡以上で取引されています。（注：詳細については第7章を読んでください）

ＡＲＥＡがＢＴＳ全駅の中でオンヌット駅の地価が最も上昇した理由について、簡潔に書いてあるので次に引用しておきます。

「オンヌット駅周辺は多くのソイが集まる交通上の重要なアクセスポイントである上に、既に多くのコンドミニアムが供給されてストックもあるので、都心部に近くＢＴＳでの通勤が容易な職住接近を望む住宅購入者の間で今も人気が衰えていない」。

ところで、２０１８年、オンヌット駅前ではセンチュリー・ムービープラザもオープンし、テナントとして大戸屋やリンガーハット、とんかつ屋や牛丼屋、そして日本の居酒屋等、これまでオンヌットにはほとんどなかった日本食レストランも多数入店しました。

これで日本人にとっての生活利便性も向上し、今後は単身赴任や夫婦２人の日本人駐在員が移り

〔図表 51　オンヌットセンチュリームービープラザ〕

〔図表 52　サムローン駅前〕

住んでくると予想されます。そうなると駅周辺のコンドミニアムは日本人に貸したい投資家の間でもさらに人気が出てくるはずです。

また、オンヌットのようなミッドタウンフリンジは、現在はアッパーミドルクラスが主な購入層であるものの、今後さらに価格が上ってくるにつれてタイ人富裕層や外国人もマーケットプレイヤーとして参入してくるので、将来的にも潜在的投資家の層が厚いという点が魅力だろうと思います。

サムローン

筆者は数年前から予算が1，000万円程度の人には、もうちょっとお金を工面して少なくとも1，500万円位の資金を用意してからバンコクでの不動産投資を始めたほうがいいとアドバイスしてきています。

しかし、それでもバンコクのコンドミニアム投資が敢えてしてみたいという人には、サムローンをすすめてきました。

サムローン駅付近は大雨が降るといつもスクムビット通りが冠水するという厄介なところなのですが、それでもここは将来イエローラインの駅が接続され、2つの路線が交わるという将来性もあります。

しかも、駅からはスカイウォークを歩いて行けるインペリアルワールドという大きな商業施設もあり、駅前にほとんど何もないベーリングやバンナーと比べると生活利便性で優位な立場にあります。

なお、ベーリングやバンナーなども将来は駅前が開発されて便利になるはずですが、問題はそれが5年先になるのか10年先になるのかわからず、将来への期待だけで経年劣化するコンドミニアムに先行投資するのは危険です。

ところで、サムローン駅は２０１７年３月にＢＴＳスクムビットライン東部延伸線の新駅として暫定開通したのですが、その際、筆者は早速現地に行き、今も連載中の現地月刊経済誌「ＡｒａｙＺ」で「サムローンはスクムビットライン延伸線の試金石」と題してレポートしたので、ここではその一部を引用することにします。

『先月、ＢＴＳスクムビットライン(グリーンライン)東部延伸線最初の駅、サムローンが開通した。この駅はバンコク都ではなくサムットプラガン県になるが、全部で９つある延伸線新駅の中では最も期待できる駅だ。

筆者は前著書、「バンコク不動産投資」の中で「グリーンライン延伸線沿線は今後のマーケット動向を注視」と書いたし、この考えは今も変わってない。当時、既にこの沿線でもコンドミニアムの大量供給が懸念されつつあったが、市場が崩れるのが明らかであったパープルラインのように、買ってはいけない、とまで書く確信がなかったからだ。

しかしその後、パープルラインが開通し、大量の販売在庫の存在が現実の問題となった頃、グリーンライン東部延伸線でも、大手デベロッパーのＡＰが大型プロジェクトのアスパイアー・エラワンの第1フェーズがわずか15%しか売れず、第2フェーズを凍結した。また、調査機関ＡＲＥＡは、サムットプラガン県の販売在庫総数は実は７，６００ユニットもあり、パープルラインのノンタブリ県、９，５００ユニットにほぼ匹敵すると公表した。すなわち、グリーンライン東部延伸線市場も一歩間違えば市場が崩れる可能性が高いのだ。

しかし一方で、スクムビットラインは東京の中央線のように複数のCBDを走り抜ける。この延伸線沿線なら乗換なしの職住接近が実現できるのも事実だ。そういう意味では、郊外を走るだけでCBDに行くにはブルーラインへの乗換が必要なパープルラインとは条件が違う。それにサムローンにはもう一つ、将来イエローラインのターミナル駅になるという魅力もある。

ただし、プライドの高いタイ人アッパーミドルクラスはバンコク都のアドレスに固執する傾向が強く、インフラ整備の遅れたサムットプラガン県はあまり人気がない。一方で、沿線住民には日系企業等の工場で働くミドルクラスが多く、彼らこそが主な見込顧客なのである。

しかし、今、銀行の住宅ローンが借りられないのがこういう工場労働者で、6割が与信審査で落ちるともいわれている。

そんな中、もし大手デベロッパーが、今の低迷する郊外コンドミニアム市場の突破口としてこの沿線で無理な大量供給を始めれば、ここでもまた市場が崩れることになる』。

このときの筆者の考えは今も変わっておらず、郊外物件は価格は手頃ではあるものの、デベロッパーにとって用地取得も比較的容易なので、供給過剰のリスクが常にあるということを理解していただけたらと思います。

したがって、いくら有望といってもサムローンも所詮サムットプラガン県というサブアーバン(郊外)であり、ここで投資する場合、まずは駅前徒歩2～3分の希少なロケーションにこだわるべきだと筆者は考えます。

〔図表 53　サムローン駅前のメトロポリス〕

〔図表 54　2018 年内にグリーンライン東部延伸線が開通予定〕

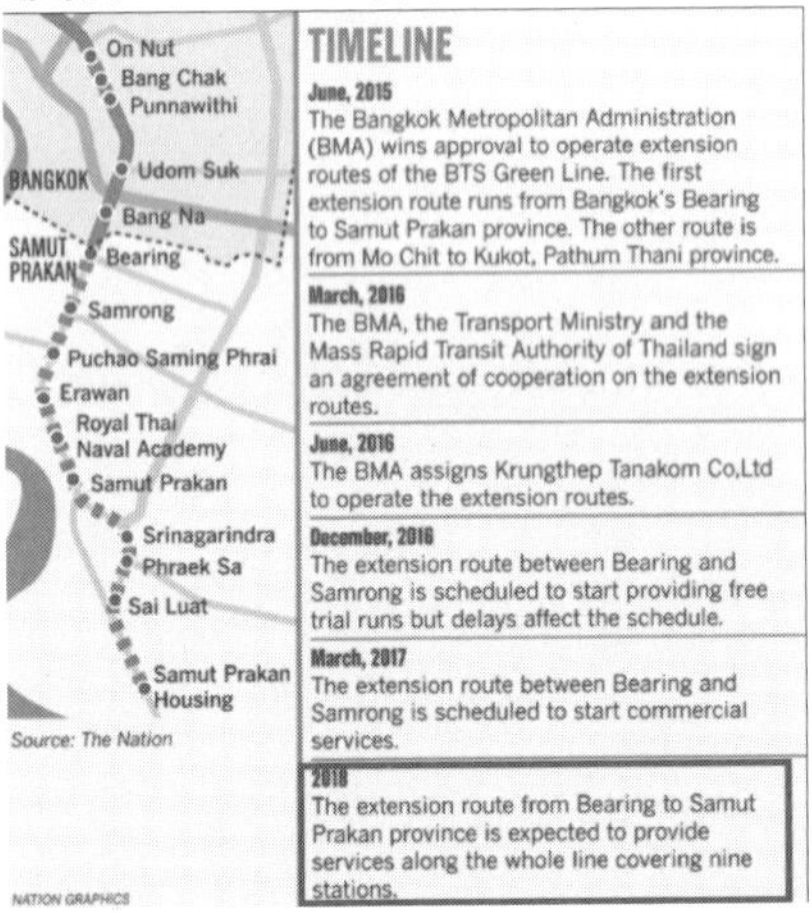

そういう意味では、サムローン駅前で目につく大型プロジェクトといえば、現在も建設工事が進むメトロポリスしかないのですが、多分、サムローンでは将来もここよりロケーションのいいプロジェクトはなかなか出てこないのではないかと思うほど素晴らしい立地条件です。

ただし、残念ながらこのデベロッパーは筆者も聞いたことがなく、デベロッパーのブランド力という意味では、その施工監理能力や実績について未知数というリスクもあります。

こういう場合のベストな買い方は竣工引渡し前後のリセール狙いです。今の計画では、2018年内にグリーンライン東部延伸線は全面開通予定であり、もしここでもデベロッパー各社からの大量の供給が始まれば、購入には慎重になるべきであるし、市場の需給関係に見合った適切な供給が続くのであれば、サムローンは新駅の中では最も都心部に近く、既に商業施設なども整っていることから投資していい駅になると思います。

また、同プロジェクトは1，000ユニットを超す大きなものなので、必ず竣工引渡し前後に相当数のリセールが出てきます。そこで現地実査で施工状態やクオリティを自分の目でチェックし、十分満足できるものであれば不動産エージェントを使わず売主と直接交渉してできるだけ安く買うのがベストだろうと思います。

なお、こういう直接売買の場合は、第4章で書いたリテインドエージェントを使う方がより多くの物件情報が集められ、結局は安く購入できる可能性が高くなります。

また、詐欺の被害に会わないためにも、少なくとも自分ではやらないことをおすすめします。売るときは買主からチャノートと呼ばれる権利証と引換えにキャシアーズチェックさえ受け取ればいいので、個人でも比較的簡単にできますが、買うときはタイ文字が読めず、かつタイの不動産取引に疎い日本人は詐欺に会うリスクが高くなるからです。

以上、3つの要注目ロケーションについて書いてきましたが、先に書いたように、タムレトーング（一等地）であるラーチャダムリー駅やトンロー駅については、タイ人富裕層、欧米企業や日系企業の駐在員からコンスタントな入居者需要があり、しかも用地取得がますます困難になる中、今後さらに地価が上昇しコンドミニアム価格も上昇するというわかりやすい市場です。その代わりまとまった資金が必要になりますが…。

それに対して、潜在的な将来性を見込んで投資するタムレサカヤパープはどこでもいいというわけではありません。特にサブアーバンで多いのですが、コンドミニアムを買ったものの期待外れで、物件価格はほとんど値上りしなかった上に、貸せないし売れないしでそのうちに建物自体が劣化減損し、結局キャピタルロス（損切り）になったという例も少なくありません。

しかしながら、筆者はそれだけに不動産投資の醍醐味があって、こういうタムレサカヤパープといわれるところにいくつか買って分散投資していくほうが面白いと考えているし、実際に個人でもそれを実行してきてもいるのですが…。

第3章

投資に役立つ事前知識

The Room Sukhumvit 21, アソーク
市場価格　１５万～１６万バーツ/㎡

1　タムレトーングとタムレサカヤパープ

タムレトーングとは

タムレトーングはタイ語ですが、直訳すると黄金のロケーション。英語ならもっと直接的にベストピッチとかベストロケーションというし、日本語なら（超）一等地という意味です。

タイには財産として金や不動産を好む中国人文化がかなり入ってきているので、ヤワラートに建ち並ぶ金行（金を売る店）を見たことがあればわかりますが、タイ人も本当に金が好きです。

だから、同じく財産として大事な不動産にもトーング（金）という言葉を使うのかもしれません。

さて、バンコクのCBD（中心部ビジネス街）は大きく分けて3つあります。この図表55にあるシーロム・サトーン、セントラルルンピニー、そしてプロンポンとトンローを含むアーリースクムビット（ロワースクムビットともいう）です。

今、CBDの中でも特に人気のある場所では、30万バーツ/㎡を超えるスーパーラグジュアリー級プロジェクトの開発が目白押しで、やや過剰気味ともいえる感があるものの、今後の地価上昇の可能性を考えると、やはりタムレトーングです。

例えば、セントラルルンピニーであれば、ラーチャダムリー、ランスアング、ウィタユの3つのタノン（大通り）に代表されますが、その中でも数少ないフリーホールド（土地所有権付）の土地。

〔図表 55　バンコクの３つのＣＢＤ（中心部ビジネス街）〕

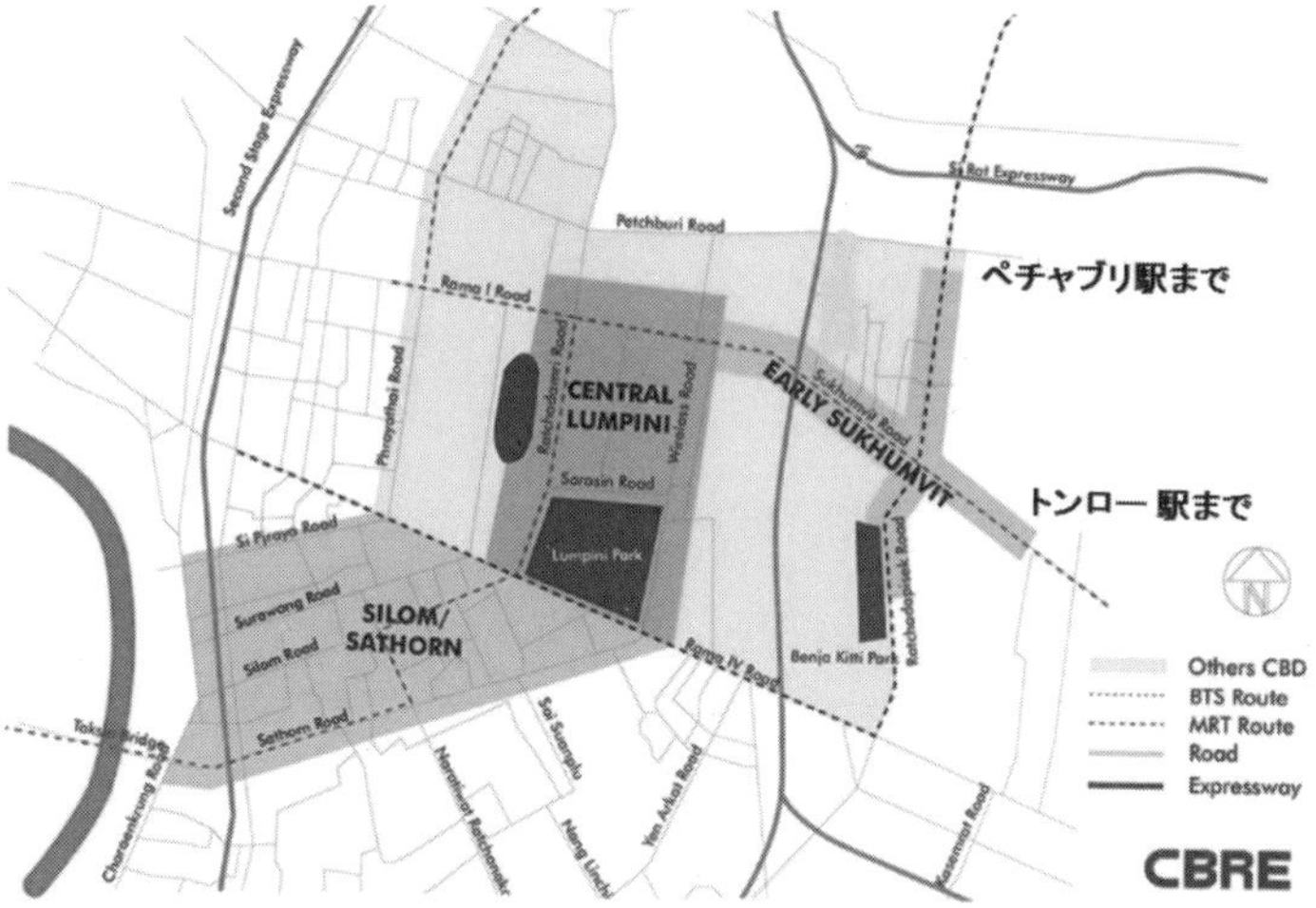

そして、アーリースクムビットであれば、ソイ55のトンロー通りはバンコクの表参道、タイ人にとっても憧れの土地です。一方、プロンポンもソイ39などは日本人が特に多く住むエリアとして知られていて、こういう限られたロケーションがタムレトーングです。

タムレサカヤパープ

一方、タイ語にはもう1つ、タムレサカヤパープがあります。〝将来発展する潜在力のあるロケーション〟という意味で、タムレトーングに比べて地価もまだそれほど高くないし、ややリスクはあるものの、期待通りに発展すればリターンも大きくなります。

不動産コンサルタントとしてクライアントと面談していると、有名なトンロー通りで投資したいという人も多いのですが、ちょっと勘違いしてい

〔図表 56　予算別投資適格エリア〕

予算別投資適正地域

予算別投資適格エリア	築浅中古ボリュームゾーン（築3年程度）	
	スクンビットの代表的エリア	適正投資家層
アソーク	ソイ 19、21、23	A B
プロンポン	ソイ 24、39	A
トンロー	ソイ 55	A
トンロー	ソイ 36、38	A B
オンヌット（駅周辺）	ソイ 79、81、50	B
オンヌット	ソイ 77	C
プラカノン	駅周辺	B
エカマイ	駅周辺	A B
ウドムスック	駅周辺	C D
バンナー	駅周辺	D

Ⓐ 投資予算2,500万円以上
Ⓑ 同2,000万円～2,500万円
Ⓒ 同1,500万円～2,000万円
Ⓓ 同1,000万円～1,500万円

選定基準
・BTSスクムビット線の有望な駅
・築3年程度の中古
・40㎡前後の1ベッドルーム
・大手デベロッパー

*換算レート：　1バーツ＝3.45円

〔図表 57　プラカノンとオンヌットのポテンシャリティ〕

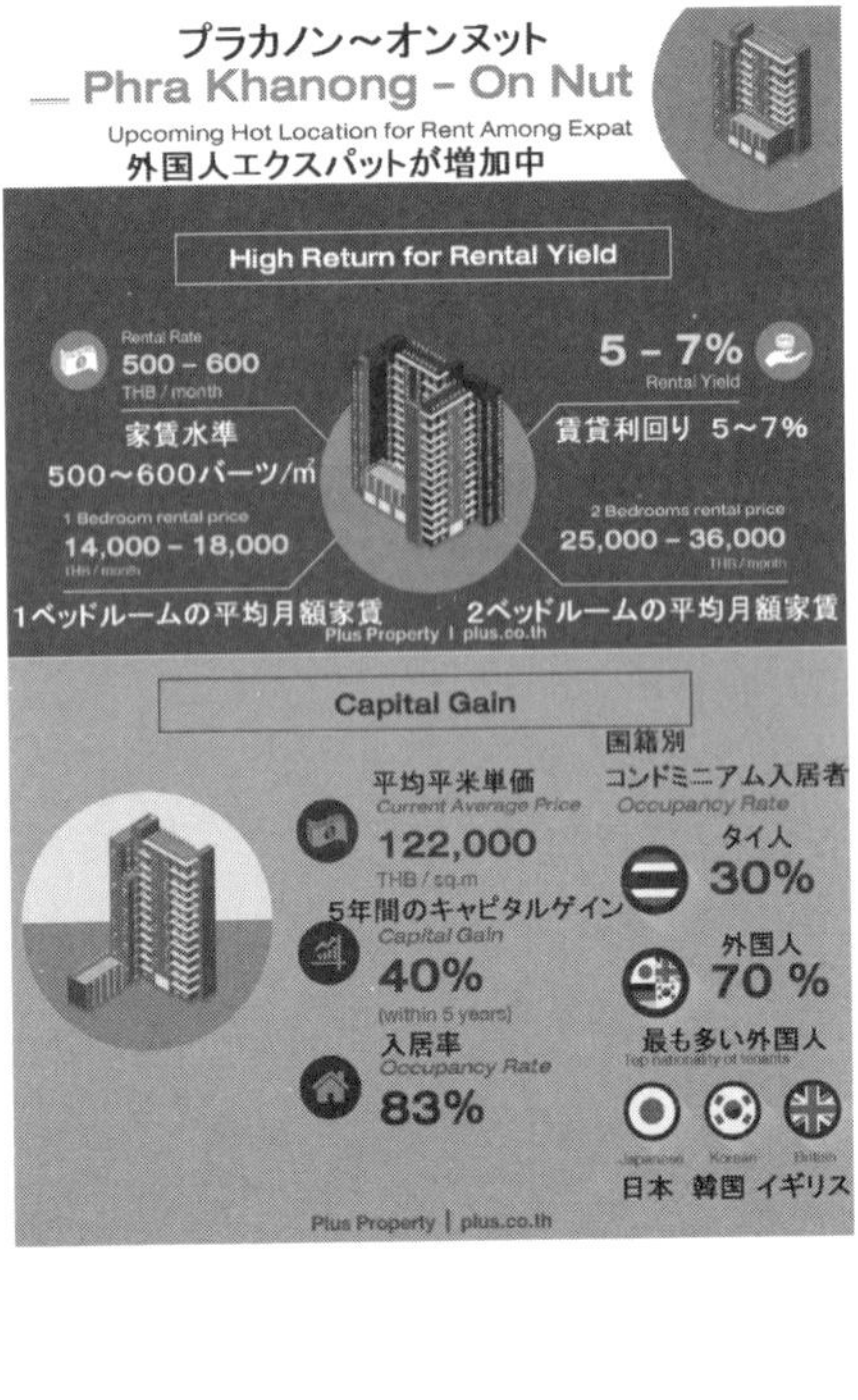

るのではないかと思うことが時々あります。

2，000万円から3，000万円の予算でトンロー通りの新築ハイライズ（超高層）物件に投資したいというのですが、今の円安では現地通貨で600万バーツから900万バーツにしかなりません。

それに対し、中古で比較的空室リスクの低いHQとかクアトロのラグジュアリーコンドミニアムでも今は25万バーツ/㎡前後します。しかも、トンロー通りで30㎡台などという狭小物件を買っても仕方がないので少なくとも40㎡以上は欲しい。すると、中古物件でも1，000万バーツ、日本円で3，500万円近くになってしまいます（図表56）。

だから筆者はこうアドバイスします。「新築を買う場合、5，000万円位の予算がなければトンロー通りで無理して投資はしないほうがいいと思います」。そして、こう続けます。「2，000万から3，000万円の予算で新築に投資したければ、むしろプラカノンやオンヌットの駅前でこれからもっと良くなってくる将来性のあるところが狙い目です」。

さて、タムレトーングについては日本人にとってはアーリースクムビット、つまりアソークからエッカマイにかけてのエリアで希少価値のあるものを探すのがベストであり、人気物件も多いので予算が潤沢にある人は現地の不動産エージェントに連絡すれば、喜んで物件案内してくれるはずです。

一方、外国人投資家の中で最も多い層といわれる予算が400万バーツ～800万バーツの投資家には、やや空室リスクが高くなりますが、第2章6項で書いたプラカノンやオンヌットのようなところはうまくいけば図表57にあるようにＣＢＤと比べてもリターンにそう大きな遜色はないので、こういったタムレサカヤパープの築浅中古をお勧めします。

2　タイ人のデベロッパー評価とブランド価値

デベロッパー信頼度調査結果

図表58はタイ人の間で人気がある電子掲示板、パンティップに掲載されたもので、最近住宅を購入した、もしくは今後購入を計画している人達、二百数十人にアンケートを取り、どのデベロッパーを信頼しているかについて調査した結果です。

複数回答制で回答者は信頼するデベロッパーをいくつでも選択できますが、例えばトップのランドアンドハウスについてはほぼ１００％の人が好印象を持っているのがわかります。

ただし、最初に断っておきますが、これはコンドミニアムだけでなく戸建てやタウンハウス住宅を含む住宅全体に関してタイ人消費者がデベロッパーに対してどういう印象を持っているか調査したものです。しかも、何千人単位の大掛かりなものではありません。したがって、当然偏りもあると思ってあくまで参考として見てください。

正直なところ、筆者はデベロッパーの悪口や良い噂、悪い噂が聞こえてくる立場にあるのですが、このランキングを見てなるほどと頷けるところもあれば、このデベロッパーはタイ人の間ではこんなに評価が低いのかと驚くものもあり、必ずしも市場の総意を反映しているものではないかもしれません。

しかし、大手のＣＢＲＥやＤＤプロパティにとってはすべてのデベロッパーがクライアントでもあり、こういう調査の結果は公表できません。そういう意味では、この調査結果はタイ人消費者の本音が垣間見える非常に興味深いものだとも思います。

日本では名の通った大手マンションデベロッパーであれば、それほどクオリティやブランドに違いはないので、どこのデベロッパーでも大して気になりません。しかし、これがタイでは違います。

〔図表58　タイ人が信頼するデベロッパー〕

順位	ブランド	支持率
1	ランドアンドハウス	97.7%
2	SCアセットサービス	95.1%
3	クオリティハウス	92.3%
4	スパライ	86.7%
5	プロパティパーフェクト	68.4%
6	ノーブル	62.5%
7	MK	40.0%
7	アナンダー	40.0%
9	サンシリ	37.5%
10	ゴールデンランド	33.3%
11	ラリン	28.6%
12	アリーヤ	22.2%
13	NCハウジング	20.0%
14	プルクサー	18.5%
15	AP	7.8%
顧客満足度調査結果		

第１章８項「増え続けるクレームと手抜工事」として書きましたが、たとえビッグ10に入るような大手デベロッパーであっても、そのグレードセグメントや価格帯次第で施工監理やクオリティに大きな違いがあるのです。

さて、図表58からわかるのは、まずデベロッパーの売上規模や住宅供給量はタイ人の評価にそれほど直結しないようで、むしろ、しっかりつくるという施工監理やＣＲＭでのアフターサービス等、基本的なことが重視されるようです。

タイ人がコンドミニアムを購入するとき重視する点

次章でも書きますが、チュラロンゴン大学の調査結果、タイ人がコンドミニアムを買うときに重視する点は購入した後のアフターサービスというのがあったのですが、やはり売りっ放しの無責任なデベロッパーが多いということだろうと思います。

それに比べれば、日本のマンションデベロッパーでよく知られた企業は大手、準大手で数十社ありますが、日本では厳しい宅建業法や建築基準法、品質確保促進法があるので、どのデベロッパーでも住宅にそれほど極端な当たりはずれはありません。

筆者はタイで大手デベロッパーのプロジェクトでありながら、施工の相当ひどい物件を何度も見てきているので、こういう消費者のデベロッパーに対する信頼度や満足度の調査は極めて重要だと思うのです。

まず、筆者個人としては、このランキングの上位3社に関してはまったく異論はありません。私がいつもセミナー等で推薦するランドアンドハウスとクオリティハウス、それに高級物件では定評のあるSCアセットサービスで上位3位を占めていてこの通りだろうと思います。

また、4位のスパライとなぜかここには載っていないルンピニー（LPN）の2社はコストパフォーマンスでみれば優秀なデベロッパーです。大まかにいって10万バーツ/㎡以下のセグメントに強いデベロッパーなので、グレードはそれほど高いとは思えませんが、販売価格もリーズナブルで、タイ人ミドルクラスの実需層にかなり人気があります。もっとも、郊外のプロジェクトが多く、日本人投資家が投資として購入するチャンスはあまりないと思いますが…。

日系デベロッパーが合弁を組めてない理由

そして、第1章1項の図表3の日系デベロッパーが提携しているタイのデベロッパーの表を見てもらえばわかりますが、残念ながら、このアンケートに答えてくれた顧客の80％以上から支持された4つのデベロッパーとは今のところどの日系デベロッパーも合弁で組めていません。

その理由については確信はありませんが、こういう上位のデベロッパーは今の過激なマーケットシェア争いから一線を画しているからではないかと思うのです。つまり、無理して外国のデベロッパーと提携してマーケットシェアの拡大や海外でのマーケティングの強化をしなくても大丈夫だという、自社ブランドに自信を持っているのではないかということです。

実際、ランドアンドハウスなどは、3年ほど前になりますが、国内の過熱する国内市場からやや退いて、代わりにアメリカで不動産投資を始めました。

一方、プルクサーは戸建てやタウンハウスがメインで売上も業界トップなのですが、20％以下の支持しかありません。また、三菱地所が提携するＡＰですが、最下位と随分タイ人に嫌われているようです。

筆者はＡＰの下級グレードであるアスパイアーをあまり詳しくチェックしたことがないので何ともいえませんが、最下位になるほどタイ人消費者の人気がないというのは理由がわからないし、ちょっと驚きです。

最後にここで、２０１７年にチュラロンゴン大学が過去1年以内に住宅を購入した、もしくは今、住宅の購入を検討しているという約1，１００名の人達にアンケートを取った結果を引用しておきますが、ここでは大分違った結果が出ているのでこれも参考になると思います。

「一戸建て住宅に関してはランドアンドハウスとプルクサーが最も信頼されているデベロッパーであり、サンシリはタウンハウスで、そしてコンドミニアムについてはアナンダーとスパライが信頼されていて、これら5社のそれぞれが各分野で81％以上の消費者から支持を集めている」

いずれにせよ、デベロッパーのブランドだけでなく、各社が持つグレードによっても違ってくるのでデベロッパーの名前だけで簡単には決めつけず、グレードも考慮するべきだと思います。

3　デベロッパーが隠す不都合な真実

あり余るスタジオと1ベッドルーム

新規プロジェクトのショールームに行き、実は投資目的で検討していると、どのデベロッパーや販売エージェントも賃貸した場合の市場賃料は平米あたりXXXバーツで利回りは何パーセントと教科書通り、直ちに説明してくれます。

しかし、投資家が一番知りたい周辺同等物件の空室率については口をつぐみます。こんな素晴らしい物件なのだから当然入居者はすぐに見つかるはず、ということなのか、それとも知っていても敢えて言おうとしないのかもしれません。

実際のところ、特に30㎡前後の1ベッドルームはこれまでの大量供給によって空室リスクが非常に高くなっています。これは、デベロッパーがアッパーミドルクラスが買いやすい手頃な価格を維持するために、専有面積の小さいスタジオユニットや1ベッドルームにシフトした結果、ダウンタウンやミッドタウンに小型ユニットが溢れるようになった結果でもあります。

第1章3項の図表9、コリアーズの「価格帯別供給量販売達成率」のグラフからもわかるように、今、バンコクで売り出されている新規プロジェクトの中で、最も販売達成率が高く売れ筋のセグメントは10万バーツ/㎡から20万バーツ/㎡の物件です。

すなわち、第2章5項の図表38、セグメンテーション表でいえばアッパークラスやハイクラスの物件ということになりますが、この価格帯だとCBD周辺のダウンタウンからミッドタウンにかけての物件ということになり、こういう物件が買えるのはアッパーミドルクラス以上のタイ人か我々のような外国人投資家に限られることになります。

しかし、このセグメントの物件は30㎡の1ベッドルームでも最低300万バーツ（約1，000万円）になり、アッパーミドルクラスといってもどちらかというとミドルクラスに近い月収

〔図表59　ミドルクラスとアッパーミドルクラスの参考月収〕

業界別最低月収		
		1バーツ＝3.45円
ミドルクラス		
平社員		
通信業	฿ 28,467	JPY 98,211
サービス業専門職	฿ 22,731	JPY 78,422
IT業界	฿ 21,854	JPY 75,396
主任		
通信事業	฿ 38,125	JPY 131,531
金融機関	฿ 37,667	JPY 129,951
サービス業専門職	฿ 36,133	JPY 124,659
アッパーミドルクラス		
課長		
サービス業専門職	฿ 51,208	JPY 176,668
保険業界	฿ 50,855	JPY 175,450
会計士	฿ 49,664	JPY 171,341
部長以上		
不動産会社	฿ 87,500	JPY 301,875
科学技術研究開発	฿ 83,276	JPY 287,302
運輸業	฿ 80,738	JPY 278,546

が5万バーツ前後の所得層では、金利負担が重すぎて自己居住は難しいので、最初は賃貸に出すケースも多くなります。

そして、我々を含めた外国人投資家もまた、金額的に手頃だという理由でデベロッパーの思惑通り第6章4項「外国人投資家購入内訳」、図表95で示したように全体の82%がスタジオや1ベッドルームに投資しています。

つまり、このセグメントの1ベッドルームは投資家であるタイ人富裕層、外国人投資家だけでなくアッパーミドルクラスからもたくさんの賃貸物件が市場に出回るわけです。

しかし、余程のハイスペックの新築か、駅や学校から徒歩2〜3分といった希少価値のある特別な物件を除き、入居者募集で苦戦しているところが多いというのが実態です。そのあげくが手っ取り早くAirbnb等を使って違法な民泊に貸し出す投資家、特に無責任な外国人投資家の増加なのです。

また、一部のデベロッパーで海外の投資家に販売する際、家賃保証をしているケースがあるのですが、これには気を付けるべきです。最近は、軍事政権の監視が厳しいし、バンコク都も違法だと公言していることもあり、さすがに減ってきているとは思いますが、家賃保証はしたものの、いつまでも入居者が見つからないため、最後の手段としてデベロッパー自らが民泊に出すという例もあるようです。

すなわち、デベロッパーでさえこんな状況なのですから、それだけ1ベッドルームは空室リスクが高いということを頭に入れておくべきなのです。

最後は自己責任

筆者はこれまで数十回にわたり日本各地で不動産投資セミナーを開いてきましたが、そこに参加する30代、40代の人達が将来の資産形成手段としてバンコクのコンドミニアムに熱い視線を注いでいるのを実感しています。

しかし問題は、その大半がタイ人一般投資家と同様に予算重視の結果、似たり寄ったりの1ベッドルームに投資していることです。もっともこれは、中国や香港、シンガポール等のアジア系投資家も同じなので日本人に限ったことではありませんが…。

セミナー会場で、家賃XXバーツで日本人駐在員に貸せると仲介業者にすすめられ、予算内で買える新築1ベッドルームを買ったがもう1年以上も空室のままでどうしたらいいか、と相談にきた人もいました。

どうしてこの物件を買ったのですかと聞くと、その販売業者のセールストークをそのまま繰り返すのです。それは筆者も知っている、日本人は借りないだろうと思う不便なロケーションのプロジェクトでしたが、土地勘のあまりないその人は、販売業者のいうことを丸呑みして買ってしまったわけです。しかし、この販売業者を責めても仕方がありません。結局、投資は自己責任だと自覚しておくべきです。

4　安いからと郊外物件を買ってはいけない

都心部と郊外の市場構造の違い

今から5〜10年前に、バンコク郊外で将来の値上りを期待して普及価格帯のコンドミニアムをプレビルドで買った人は、その後の期待はずれの結果にがっかりしているかもしれません。

もっと具体的にいえば、物件は数年前に竣工したものの、今も貸せない、売れない、損切りもしたくないしで頭を抱えている人が多いかもしれません。

筆者は今のところバンコク郊外、つまりサブアーバンと呼ばれる新線沿線や新興住宅地などでのコンドミニアム購入には否定的なのですが、それには大きく分けて次の3つの理由があります。

「出口」リスク

まずは、我々はタイ人ではないので、基本は自己居住目的より投資目的で購入するべきだからです。もちろん、オーナーオキュパイアーとして自己居住しても全然かまわないし、投資家が自分で住むというのは空室リスクを考えなくていいので、投資エリアの選択余地が格段に広がります。

しかし、我々には周辺に家族や親戚が多いとか生まれ育った土地だからという理由がなく、遅かれ早かれいつかは売ることになると考えると、やはり投資対象として見るべきであり、いざとなったときに換金しやすく、しかもできれば買ったときの値段以上で売却できる物件を選んでおくべきです。

今後は新線のオレンジライン、イエローライン沿線等に人気が集まるという予想も多いのですが、日本人や白人のエクスパットは多分そういうところに住まないし、自己居住目的で買うタイ人は新築志向が強いので、中古物件はあまり人気がないという問題があります。

すなわち、郊外のコンドミニアム購入は、我々にとっては流動性が悪く「出口」リスクが非常に高いことになります。

供給過剰リスク

もう1つの理由が市場環境です。郊外では建設用地が簡単に取得できるので、デベロッパーは将来の新線沿線でこれからも多くの新規プロジェクトを売出してきます。そして、その主たる販売対象はタイ人ミドルクラスです。

タイ経済は2017年後半から良くなってきたといいながら、なかなか減らない家計債務と増えない中低所得層の収入、それに伴う住宅購入意欲の低迷。そして、NPL（不良債権）の発生を恐れた金融機関は相変わらず住宅ローンの与信基準を厳しくしたままで状況は好転していません。

その結果、郊外では大量の解約が発生した上に、供給過剰で販売在庫が積み上がっています。コリアーズの調査では、2017年末時点で45，000ユニット以上ものコンドミニアム販売在庫がバンコク首都圏に存在するとのことですが、特に売行きが悪いのが郊外物件です。

そこで郊外物件が投資対象として相応しいかと考えると、2016年に開通したパープルライン沿線がいい例ですが、郊外はどこも供給過剰になる可能性を排除できないと思います。

ただし、これもロケーションと購入のタイミングを間違えなければ、やがて郊外でも駅周辺が成熟した街になり、次第に用地不足も始まるので、長期的に見れば投資としても採算が取れる可能性はあります。

筆者はイエローラインが接続するグリーンラインのサムローンなどは郊外駅の中では非常に将来性が高いと思っていますが、それでもまだまだ先は読めません。

建物劣化による減損リスク

今、東京都港区のちょっとした人気物件だと600万円／坪、つまり182万円／㎡くらいはすると思いますが、バンコクでいわゆるスーパーラグジュアリー級の範疇に入る物件の多くは35万バーツ／㎡、約120万円／㎡前後です。つまり、日本の同等物件の3分の2ということになり、なるほどバンコクの物件も高くなったなと思わせられます。

しかし、バンコクの郊外物件はといえば、５万バーツ／㎡（約17万円／㎡）以下というような著しく廉価な価格帯のものが多くあり、この価格差はスーパーラグジュアリー物件の実に7分の1です。

筆者はこれまで多くのバンコク郊外の廉価物件を実査してきましたが、施工監理、使用する建材や造りが安かろう悪かろうのプロジェクトが非常に多いように思えます。

これは筆者の偏見かもしれませんが、日本のマンションは廉価なものでも外壁はセラミックタイル貼りが一般的だし、ファミリータイプの場合、キッチンはシステムキッチン、そしてキッチンや洗面台の天板は人工大理石と一定のレベルを維持しています。分譲である以上、木造アパート並みの安っぽい設備など使わないという一定のスタンダードがあると思います。

しかし、バンコク郊外の廉価なコンドミニアムの場合、コスト削減を最優先にするのか、相当安っぽい建材が使われていて、しかも施工も粗いものが多いので、経年劣化も非常に速く、竣工後数年で古ぼけてくるのです。

5　ローライズとハイライズ、方角と眺望

ローライズとハイライズ

タイでは原則、前面道路の幅員が10メートル以上あればハイライズ（日本でいう超高層）のコンド

ミニアムが建てられ、前面道路の幅員が6メートルから10メートルまでなら高さ23メートル（大抵の場合、8階建）まで、床面積1万平米までのローライズのコンドミニアムが建てられます（図表61）。

ネクサスプロパティマーケティングの調査によると、大通りに面したコンドミニアムは用地不足と地価高騰で開発コストがかかりすぎることから、2018年以降はもっと地価の安いソイ（側道）に開発されるローライズのプロジェクトが増えるとのことです。

その結果、図表60のような街並みが増えてきて、日本のマンションが立ち並ぶ光景にどこか似てきます。これはこれで落ち着いた雰囲気で悪くはないと筆者などは思うのですが、投資対象として見た場合、バンコクではどのような違いが出てくるのでしょうか。

不動産エージェントのナイトフランクが書いているコラム記事を基に、ローライズとハイライズのそれぞれの長所について比べてみてみたのが図表62です。

ところで、図表61の写真左のマエストロというローライズなどは評判が良く、アヌサワリーというダウンタウンのロケーション、価格も平米14万バーツ台とハイライズに比べて割安だったことからすぐに売り切れました。

したがって、ローライズは用地取得費用が比較的安いことから「ロケーションがよい、落ち着いて暮らせてプライバシーも確保できる、ハイライズと比べて（平米単価で）割安感がある」という3つの条件が揃うと、もともとユニット数が少ないこともあってあっという間に売り切れるので、この3つの条件がローライズ購入のチェックポイントだろうと思います。

〔図表 60　ＣＢＤで今後増加するローライズプロジェクト〕

〔図表 61　ローライズ VS ハイライズ〕

〔図表 62　ローライズとハイライズの長所比較〕

ローライズの長所	①階数が少ないので建築期間も短く購入者は長期間待たなくてよい ②ユニット数が少なく、住人も少ないのでプライバシーが守れる ③場所によっては、周囲の樹木などの自然を感じられ居住性が高い ④火事などの緊急事態の場合、階段を使って速やかに避難できる
ハイライズの長所	①高層階は眺望に優れる ②ユニット数が多いのでロビーが広く、フィットネスジムやスイミングプールなど共用施設が充実 ③高層階は外部の騒音や虫が入ってくる問題は比較的少ない ④ユニット数が多い分、共益費が割安である

〔図表 63　東西南北それぞれの方角特性〕

しかしそうはいっても、外国人投資家の人気の中心は圧倒的にハイライズであり、やはりハイライズはプレゼンスがあり、わかりやすいということだと思います。実際、大型のハイライズプロジェクトは大手デベロッパーのほぼ独占状態になっているので、一定の安心感もあります。

筆者としてはＣＢＤやダウンタウンであれば、条件さえそろえばローライズもありだと思うのですが、これがプラカノン以遠のフリンジやミッドタウンでは、やはり駅前のハイライズコンドミニアムに焦点を絞ることをおすすめします。

方角

図表63は不動産エージェントのプラスプロパティが東西南北のそれぞれの方角についてコメントしているのですが、バンコクはモーラスーン（日本ではモンスーン）と呼ばれる季節風が吹くし、冬でも太陽の位置が高いこともあって、幾分日本とは違うことが書いてあり、参考になります。

北向き

直射日光が入らないため、北向きの部屋は夏と冬の間、涼しく過ごしやすい。しかし、雨季になると、午前中は東からの陽射しと熱が、午後は西からの陽射しと熱が部屋に入ってくる。ただし、この長所として、雨季になって部屋にこもった湿気を帯びた空気が滞っても、天気のよい日に入ってくる陽射しで空気の入れ替えが起こるため、雨季でもベンチレーションがよい。

南向き

南向きの部屋は1年中直射日光が奥まで入ってこない（注：日本と違い、タイは赤道近くに位置し緯度が低いので、冬になっても太陽はほぼ真上に昇る）ので、暑くて仕方がないという問題はない。さらに、南西から吹く季節風も入るので人気も高い。ただし、欠点としては日光が部屋の中に入ってこないので、ベンチレーションが悪く室内は湿気を帯びカビ臭くなる。

東向き

午前中は日が入るものの、その陽射しは午後の陽射しほどは強くない。また、部屋の中に明るい朝日が入るが、夏の間、ほとんど風が入らない。しかし、冬になると北東の冷たい風が吹くので過ごしやすい。

西向き

午後になると部屋に西日が射し込んでくるので、東向きの部屋よりも暑くなる。しかし、長所は毎日強い日が射し込むので部屋に湿気がたまらず、ベンチレーションに優れる。さらに、暑い夏場には南西から吹いてくる強い熱帯モンスーンの季節風のおかげで思ったより暑くならない。しかも、冬場には北東の風が入ってこないので寒くもならない。

これを読むと、向きにはそれぞれ一長一短があり、それほど重要ではなさそうにも思えます。確かに昼間働いている単身のサラリーマンなどは暑い西向きの部屋でも午後に居なければあまり関係ないし、日本人が多く住むスクムビットライン沿線の場合、眺望の開けたコンドミニアムであれば、むしろ西向きのほうがＣＢＤのビル群、マハナコンやバイヨークタワーが見えて夜景がきれいだったりします。

眺望

バンコクに始めてきた日本人は、東京以上にハイライズ（超高層）コンドミニアムが建っているのを見て驚きます。バンコク周辺には火山帯が走ってないので地震がないこともあり、鉄骨を使わずに地上30階ぐらいまでは普通のＲＣ造で建ててしまいます。逆にいえば、建設費用の平米単価が変わらないということもあり、デベロッパーはできるだけ高層にしようとします。

ただし、30階を超えてくると、今度は風圧に対する特別な強度設計が必要になり、階数が増えるほど建設費用がうなぎ上りで上昇していくそうです。そういわれてみれば、筆者が以前保有していたグランドパークビューも32階建てだったし、バンコクには30階前後の高さのコンドミニアムが多いような気がします。

ところで、筆者は以前のアソークのコンドミニアムでは20階に住んでいたのですが、ＣＢＤなのでバルコニーの正面には30階建て以上の建物が林立していたため、圧迫感があるだけで眺望などという楽しい景色は全くありませんでした。結局、ここに5年も住んでいたわけですが、その後オンヌットに移って第7章の図表99の写真のような眺望のところに住むようになってから、タイ人が眺望を重視する理由がよくわかりました。要は階数が高い低いの問題ではなく、開放感の問題なのです。

したがって、もしCBDのコンドミニアムに住むのであれば、周りにハイライズのコンドミニアムが多いことから、建設費は高くなってもそれらを見下ろせるポジションには価値があります。だから40階建て、50階建てのコンドミニアムの場合、少し割高になっても筆者はできるだけ30階以上をすすめることにしています。もちろん、眺望が開けていることが前提ですが…。

そして、将来ともに他の建物に眺望を遮られたくなければ、道幅が10メートル以上の公道に接道していなければハイライズは建てられないという法律があるので、自分の買うユニットの正面に幅が10メートル以上の道がないことを確認してから買うべきです。

6　旅行者がうろつく物件は値下りする

民泊施設の増加

タイでも最近はコンドミニアムを民泊施設として貸し出すオーナーが増えています。民泊が公正な価格競争の結果増えているのであれば、資本主義世界である以上、仕方がない話だと筆者も思うのですが、話はそう単純ではありません。

〔図表 64　増加するタイの観光客〕

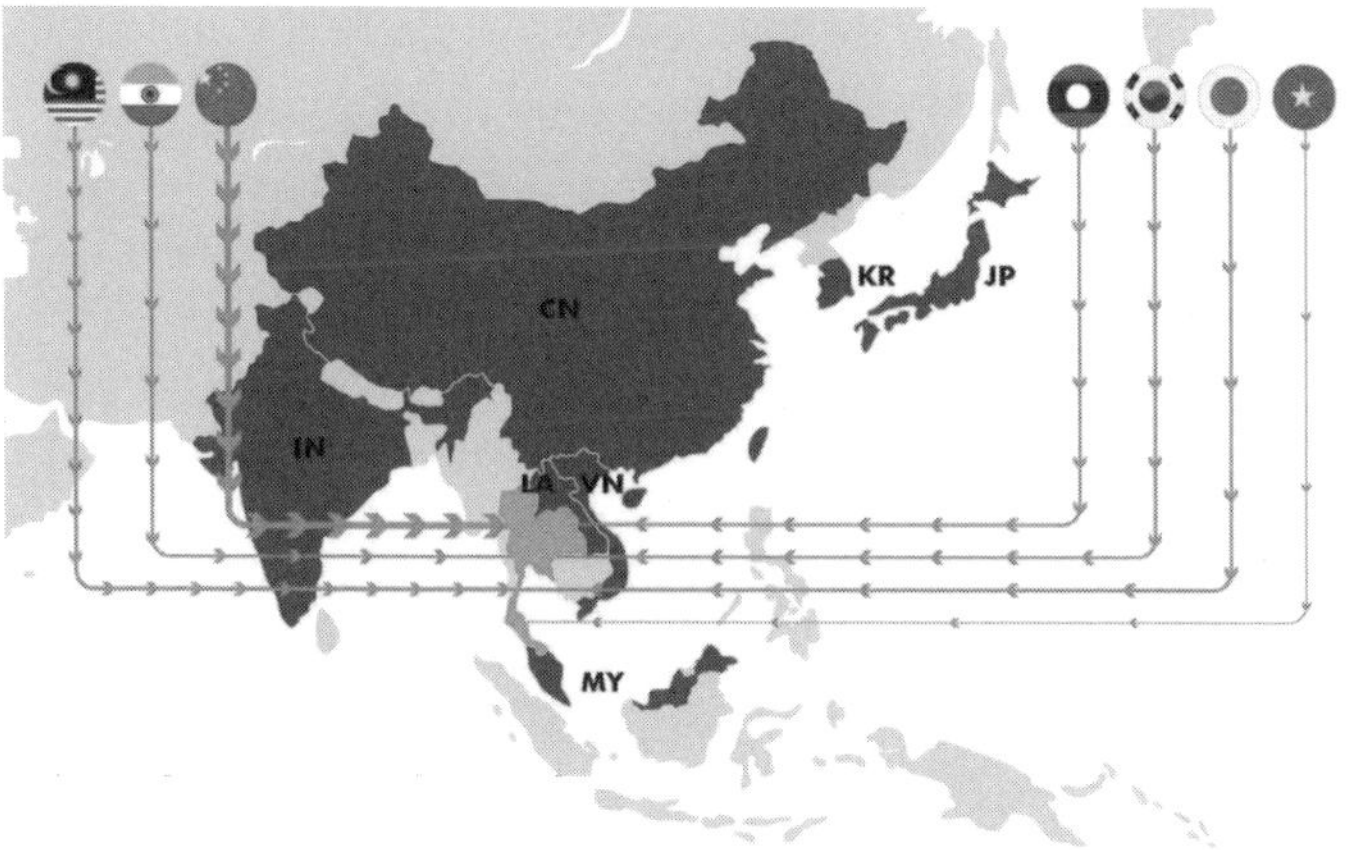

タイでは長年観光産業が国家経済の柱の1つとなっていることもあり、海外からの観光客が3、500万人を超えた今でも、バンコクにはホテルや観光客受入れ施設は十分にあります。日本のように急増する観光客の需要に供給が追いつかないので民泊施設も必要というようなことはありません。

したがって、最近増えてきたAirbnbなどの民泊斡旋業者は既存ホテル業界に直接影響を与えています。また、外国人旅行者が民泊で居所をはっきりさせないままタイ国内に居られるということは、テロリスト潜伏の温床になる可能性もあり、今の軍事政権では入国管理法違反で厳しく取り締まっています。

ところで、かつて中国人の間で韓国旅行に人気が出たとき、大量の中国人観光客がソウルの街を訪れましたが、その多くが中国資本が持つホテルや観光バス会社を使ったため、儲けの多くを中国企業に持っていかれ、韓国経済には期待したほどの恩恵がなかったということがありました。

ちなみに、日本の場合は中国人観光客による電気製品や化粧品の爆買いが話題になりましたが、こればかりは中国資本も取り込めなかったようで、日本経済には大きく貢献したそうです。

さて、実はバンコクでも韓国の例と同じようなことが起こりつつあります。以前、ＤＤプロパティが調査したところ、中国人観光客は同じ中国人が家主の宿泊施設に好んで泊るという調査結果が出ているのです。

また、バンコクの1ベッドルームに投資した中国人オーナーの場合、中国国内の旅行会社を通してこういう宿泊客を容易に見つけることができ、彼らにとっては空室リスクはほとんどないそうです。

先にも書いたように、年間1、０００万人近くの中国人観光客がタイにやってきているのですから、中国国内でマーケティングすれば、すぐに宿泊客が見つかるだろうことは容易に想像できます。

さらに、稼働率さえ高ければ通常の賃貸より民泊のほうがはるかに利回りが高いので、中国人投資家にとってはバンコクだけでなくパタヤ、プーケットの不動産も非常に旨みのある投資対象なのです。

しかし一方で、彼らのやっているコンドミニアムの観光客や旅行者への短期賃し、つまり民泊はタイでは入国管理法違反、ホテルの建築基準を満たしてない住宅をホテルとして使うことによる建築基準法違反、そして実質的なホテル宿泊業という事業をしているのに税金を払わない税法違反、という3つの点で違法であるとされています。

しかも、我々不動産投資家にとって問題なのは、こういう観光客がロビーで大声でしゃべりながらうろうろしているようなコンドミニアムは住宅としてのプライバシーがなくなるので、日本人駐在員達も引っ越して出て行ってしまい、資産価値も落ちてしまうということです。

もっとも、中国人投資家はそれを知ってか知らずか、最初から中国の旅行会社やAirbnbを使って中国人観光客にホテルとして部屋を貸し出すことを目的に投資するので厄介なのですが…。

例として、ＤＤプロパティにはこんな記事が載っていました。

「中国人にとってバンコクのコンドミニアムを賃貸するのは簡単である。これは中国人の周氏の例だが、彼女はこの数年間で２つのコンドミニアムを買い、Airbnbを使って民泊で貸している。それを見た他の中国人達がどうやって買えばいいのか、そしてどうやって賃貸に出せばいいのかと聞いてくるそうだが、バンコクでのコンドミニアム投資は中国で不動産投資するより利回りが高いし、特に小さい物件（スタジオや１ベッドルーム）を買うほうが（観光客に）貸しやすい、と答えるのだそうだ」。

7　病院とお寺と西枕は凶

迷信深いタイ人

これはアジア人全体にいえることですが、特にタイ人は迷信深い人や縁起を担ぐ人が多いと筆者などは感じます。敬虔な仏教徒の人が多く、現世でタンブンをしておけば来世はいいことがあると多くの人が信じているのと同じかもしれません。

タイ語では幽霊のことを〝ピー〟というのですが、タイ人はその迷信深さからか非常にピーを怖がります。タイでお化け映画が人気があるのもその裏返しなのだろうとも思うのですが、手に触れることができないとか、はっきり見えないというような不可解なものに強い恐怖心を持ちます。

もっとも、お化けが怖いのは日本人も同じである程度はわかるのですが、タイ人の場合、いささか度を越したところがあって、これが不動産にも影響を及ぼします。

例えば、タイ人は自分の住居を決める際、窓から病院の病室が見えると大抵嫌がります。その理由は、病室では多くの人が息を引き取るのでその幽霊がいるから恐ろしいのだそうです。

もう1つ怖がるのが大きなお寺です。窓からお寺が見えるのは不吉だというので、お寺では人は死なないじゃないかというと、昔は大きなお寺には火葬場があって、死んだ人をそこで燃やしていたからその幽霊が宿っているといいます。

もっとも、病室のない病院や火葬場のない小さなお寺は問題ないそうで、ちょっとややこしいのですが…。

そして、最後にタイ人が嫌がるのが寝室のベッドが西枕になっている場合です。日本では人が亡くなった時に北枕にして寝させますが、何故かタイでは西枕です。

それが理由でタイ人は西枕は縁起が悪いといって嫌がるのですが、この辺はデベロッパーも心得たもので、モデルルームを見に行った時など、明らかに西枕にしてベッドを配置した方が使いやすいという間取りであっても、むりやり別の方角にベッドの配置方向を変えていたりします。

われわれ日本人は通常は自己居住か外国人に貸すことが多いと思うので、物件購入時にタイ人の迷信や縁起担ぎに付き合う必要はありません。

したがって、窓から病院が見えようがお寺が近くにあろうが、西枕で寝ようが気になりませんが、「出口」でエグジットする場合にはタイ人に買ってもらうことになる可能性も十分あるので、物件選びの際に一応頭に入れておいてもらえればと思います。

8　ハッピーリタイアメント生活をしたいなら

キーワードは〝パッシブインカム〟

「日本では金融資産が1億円を超えれば〝プチリッチ〟といわれ、小金持ちの仲間入りをするが、世界水準のお金持ちになるには5億円必要」と金融雑誌で読んだことがあります。

アメリカでも住宅を除く純資産が１００万ドル、いわゆる〝ミリオネアー〟は既に１，０００万世帯を超えているそうで、昔と違ってミリオネアーはもう大した金持ちでもない時代になりました。

それほど世界中でお金が余っているから日本のマイナス金利を始め、預金利率が歴史的な水準にまで低下したのだと思います。

Happy Retirement
ハッピー！リタイアメント
浅田次郎
ハッピーリタイア
よみ　はっぴーりたいあ
英語　Happy Retirement
ハッピーリタイアとは、豊かな老後資金を確保して悠々自適の引退生活に入ることをいいます。

〔図表65　ハッピーリタイア〕

まだタイの預金利率が高かった頃、セカンドライフを過ごしにやってきた日本人達は利息収入だけでバンコクでハッピーリタイアメントライフを満喫できたそうですが、それが今、タイの1年定期預金の利率はわずか1％強です。

その結果、タイでも富裕層を中心に資金の不動産シフトが起こっています。その中には、昔のように利息収入で暮らせないのならこれからは不動産収入で、と考えている人も多く、この場合の共通項が〝パッシブインカム（受動的収入）〟です。

リタイアした後に、値動きの速い株やＦＸ、商品先物等で毎日お金儲けのことばかり考えていたら、現役の頃のように忙しくなり、悠々自適のセカンドライフを海外で過ごすことなど無理です。ハッピーリタイアメントのためには、やはり元本毀損のリスクが低く、しかもほとんど何もしなくても毎月の生活費を捻出してくれるパッシブな投資対象が不可欠なのです。

その点、バンコク都心部の不動産はアジア通貨危機以降20年間も値上がりが続いている上に、投資利回りも比較的高く、入居者さえいれば継続的に家賃収入というキャッシュフローを生み出す理想的なパッシブインカム源なのです。

そこで、筆者がもしバンコクで不動産投資をしてその王道ともいえるイールドプレイ（不動産賃貸運用）だけで10年以上、質素ながらも不満のないハッピーリタイア生活を送りたければどうするだろうか、と考えてみました。

その結果、もしバンコクでのハッピーリタイアメント生活が自分にとって最も重要な投資目的であれば、これまでブログや前著作の中で筆者が書いてきたこととちょっと矛盾しますが、多分、プレビルドや築浅物件など買わないだろうと思うのです。

非居住者になるメリット

バンコクでのハッピーリタイアメント生活が目的の人が不動産投資をする場合、日本に住んでいる人に比べて大きな利点が2つあります。

まず、バンコクでリタイアメントビザを取って1年を通して過ごすのであれば、実質的に生活の本拠がタイということになり、日本の税務上、非居住者になります。

そしてこのメリットは、バンコクで得た賃貸収入に対して日本の税金がかからなくなるという点です。そもそも非居住者には日本での確定申告義務がないし、マイナンバー制も関係ありません。ただし、日本に投資用不動産を持っている場合は、その国内物件については納税義務が残ります。

一方、バンコクで不動産投資をしているタイの個人で、筆者の知る限り賃貸収入を申告納税している人はいません。四角四面にいえば、本来は納税義務があるらしいのですが、賃貸収入についてはは税務署も大目に見ているのか、それとも調査する人手がないのかはわかりませんが、法人は別として個人で納税している人はほとんどいません。

タイ語では納税することを、シアパーシーというのですが、税金の支払いでお金を無駄にする、という意味で、なんのメリットもないことのためにお金をどぶに捨てた、というニュアンスが含まれています。つまり、どうもタイ人には納税は国民の義務だという観念がそもそもないようなのです。

したがって、タイ人大家も最初から家賃収入に対する税金を払う気はないし、賃貸借契約を結ぶ場合、たとえ相手が日本の大手企業であっても、家賃の中から税金を源泉徴収されてしまう法人契約をとにかく嫌います。

この辺は日本と逆で、大企業との法人契約のほうが安心なので、日本では法人希望の家主は多いのですが、タイでは法人契約をしてしまうと一定の税金を源泉徴収されるだけでなく、毎年の確定申告も必要になるため、絶対といっていいほどタイ人大家は法人契約を拒否します。

しかし、この辺は日本人大家にとっても都合がよく、タイ語の申告書で毎年確定申告をしなければならないとなると、せっかくバンコクで不動産投資をしようという気になっていても思わず萎えてしまうのですが、申告も納税もなし、となると俄然嬉しくなります。

これは余談ですが、筆者がタイ人から聞いた話では、「民泊については、これはホテル業と同様の事業であるので厳しく脱税を取り締まるが、普通の賃貸契約に基づく家賃収入には税金を取り立てない。その理由は、固定資産税がないのと同じで、もし一般の賃貸物件の家賃収入にまで所得税をかけたら、タイ人大家は当然その分を家賃に転嫁するので、結局は自分で家を買うことができない低所得層にシワ寄せがいってしまい、貧乏人いじめになるから」というものです。

まあ、これについては嘘か本当かわかりませんが、タイは今も貧富の差が激しくヤークジョンと呼ばれる低所得層の人達の生活は、エアコンもないような暑い部屋で暮らしていて大変です。だから、この話にもなんとなく信憑性があるような気もするのです。

中古を買って最後まで売らない

ただし、不動産を売却したときには、土地局での移転登記の際にここぞとばかりに容赦なく税金を取られます。それも日本のように売却価格から売却費用や減価償却後の取得原価を引いた譲渡所得に対する課税という洗練された税体系ではありません。

不動産を売却する際の税金については第6章3項で書きますが、売却価格や政府評価額に対して一律で課税されるため、たとえ譲渡所得がなくても特定事業税、源泉徴収税、移転税、印紙税等があり、場合によっては日本の税金より高くなるのです。

ならば、ハッピーリタイアメントライフのためには、転売して儲けることなど最初から考えず、新築プレビルドより割安感の大きい、つまりその分利回りが高く、しかも人気があって空室リスクも低い中古物件を買い、インテリアデザイナーを使って豪華にリノベーションした上で、税金のかからない家賃収入を受け取りながら悠々と暮らしたほうが得だということになります。

物件が海外にあるというハンディがなくなる

さて、バンコクに住んでいることの2つ目の強みは、物件が常に近くにあることです。いつでも様子を見に行けるし、入居者が日本人の場合、賃貸仲介業者を通さず直接コミュニケーションも取れます。

例えば、何か不具合があったとき、対応が遅いとか、何もしてくれないタイ人大家も多く、その結果、賃貸仲介会社のすすめで引っ越すことにした、という日本人駐在員は結構います。

賃貸仲介業者にしてみればその引っ越しでまた新しい家主から1か月分の手数料が入るわけなので、むしろ好都合かもしれません。しかし、こんな場合でも、家主が現地に居れば迅速な判断と対応で空室リスクを軽減することも可能です。

私がかつて駐在員だった頃のロンドンでは、古い街なので新築物件の供給がほとんどなく、日本人が多く住むフィンチレイなどの程度の良い物件はいつも払底していました。したがって、日系仲介業者は入居者よりも家主側につく傾向にあり、投資家は空室リスクのことはあまり考えなくても大丈夫でした。

しかしバンコクの場合、この逆です。ＢＴＳスクムビットライン沿線の高級住宅地では、タイ人

〔図表 66　入居者に人気のある中古物件〕

大家は高額な家賃が払える日本人テナントを欲しがっている上に、新規供給が次々と出てくることもあって、日系賃貸仲介業者はおのずと数が限られている日本人テナントのほうに重きを置く傾向にあります。これも需要と供給の原理で仕方がないことでもあるのですが…。

人気物件を買って空室リスクを下げる

実はこの違いが家主にとって厄介なのですが、仲介料は家主が払ったにも関わらず、仲介業者はあまり家主のためには動いてくれないということが起こります。したがって、家主が空室リスクを下げて自己防衛をするには、仲介業者が扱いたがる人気物件を保有するのが一番だと筆者は思います。

築浅から古いものまで人気物件は多いですが、例えばトンローならクレスト、ＨＱ、クワトロ、エークア、ＩＶＹ…。プロンポンならＸＸＸＩＸ、アドレス、バンコク…。アソークならエッジ、ドムス…。そして、インテリアデザイナーを入れてさらに魅力的に改装し、仲介業者に頼らず自分の保有物件の魅力で入居者を呼び込むことを考えるべきなのです。

特に古い物件の場合、広くて家賃もリーズナブルなので、日本人駐在員に人気がある物件は日本人入居者で建物全体の８割ぐらい占めていることが多いようです。

大体、駅に近い、日本人学校に通いやすい、病院や日系スーパーに近いというような理由で選ばれるようですが、そういう物件で１００㎡以上ある広い物件を買ってリノベーションすれば、今、新築プレビルドでこれだけ広い物件は家賃が10万バーツにもなるので、日本人駐在員であっても予算的にかなり厳しく、新築物件とあまり競合しなくなるというメリットもあります。

また、リノベーションに関しては、タイの場合、センスのいいインテリアデザイナーが多く、日本と比べて職人の人件費も安いことからリノベーションのコストパフォーマンスは悪くありません。

例えば、日本人駐在員ファミリーは単身赴任者と違い、数年間更新を続けてくれる確率が高いので、ファミリーを入居者にしたければ、大きめの中古物件を買って玄関に土間をつくり、リビングとの間に目隠しをつくるだけで、玄関とリビングが分離した日本人好みの物件となり、他の物件と差別化ができることになります。

第4章

投資の「入口」戦略

Lofts Ekkamai Sukhumvit, エッカマイ
市場価格　１７万～１８万バーツ/㎡

1　新築コンドミニアム購入のチェックポイント

プロジェクトの良し悪し5つのポイント

新築コンドミニアムを購入する場合のチェックポイントは、国によって市場の特性が違うので若干違いが出てきますが、どこの国でもロケーションが最も重要というのは同じです。

ただ、その後が違ってきます。プレビルドを含むタイの新築コンドミニアムの場合、筆者の考えだと次の順です。つまり、この5つでそのプロジェクトの良し悪しが決まると思っています。

①ロケーション
②建築施工のクオリティ
③デベロッパーのブランド
④CRM（デベロッパーの顧客関係構築管理）
⑤プロパティマネジメント

まず①のロケーションについてですが、これには眺望や向きも含まれます。

そして、②は自分が購入する物件そのもののデザインや間取りを含めた出来具合です。同じブランドであっても当たり外れはありますが、日本に比べて施工の悪いプロジェクトが多いことから、施工監理をちゃんとしてないデベロッパーのプロジェクトは警戒すべきです。

したがって、自分で見て施工状態がよくないと判断した場合、やはり専門業者に竣工検査を依頼し、可能な限り瑕疵のない状態で引渡しを受けるべきです。なお、これについては第5章7項「プレビルド引渡し前の竣工検査」で書きました。

③のデベロッパーのブランドは②にも関連するのですが、第3章2項「タイ人のデベロッパー評価とブランド価値」で挙げたような人気の高いデベロッパーがブランドであり、これは日本以上に重要度が高いのです。そして、このブランド価値は中古となって売却する際にもプラス要因です。ただし、ビッグ10に入る大手のデベロッパーだからといって、必ずしもブランド価値があるとは思わないほうがいいというのは既に書いたところです。

④のＣＲＭとはカスタマーリレーションシップマネジメントの略で、顧客とのコミュニケーションやアフターケアなどの顧客満足度を向上させる業務のことです。

ＡＲＥＡも今後デベロッパーは顧客満足度の向上を重要視するようになると予測していますが、今はデベロッパーに対する苦情が増え続けていて、第1章8項「増え続けるクレームと欠陥工事」のところでも書きましたが、顧客を無視したり信頼をなくすようなことをしているデベロッパーは顧客から嫌われる傾向にあります。

そんな中、先にも書いたようにチュラロンゴン大学が調査したところ、タイ人住宅購入者の多くは引渡しを受けた後のデベロッパーの顧客に対するアフターサービスを重視するという結果が出ていて、今後ＣＲＭはますます重要なポイントになってくることは間違いありません。

⑤については、言葉通り物件管理ですが、日本と同様バンコクでもジュリスティックパースンと呼ばれる管理会社はコンドミニアムの資産価値の維持に大変重要であり、管理会社の顧客対応や管理細則、修繕計画をしっかり持っているか等を確認します。

ただし、これについてはデベロッパーというよりオーナー委員会が管理会社を監視していくしかないことだと思います。竣工時の最初の管理会社はデベロッパーが子会社の管理会社をつけたり、外部の管理会社を選定するのですが、引き渡し後はオーナー達が変更することができます。

筆者が住んでいたコンドミニアムも竣工時の管理会社はオーナー委員会から契約解除され、今は別の管理会社になっています。ただし、この辺は我々外国人には言葉の問題で参加が難しいのが実情です。

しかし、筆者が見ていて参考になると思ったのは、毎年行われる年次総会の雰囲気でそのオーナー達の関心度がわかるということです。コンドミニアムが新しいほどプレビルドの当初から買っていたオーナー達が多く、資産価値維持に対する意識もあって議論も活発です。

筆者が今住んでいるコンドミニアムも毎年40人から50人のオーナー達がロビーで行われる総会に出席し決議をしていますが、民泊使用のユニットを見つけたら管理会社が警察に連絡することを決めたりと、タイ人オーナー達が自分たちの大切な住宅の資産価値維持に関心を持っていることの表れだと思うのです。

2　中古コンドミニアム購入のチェックポイント

中古物件購入のチェックポイント

現地の不動産エージェント、ナイトフランクがバンコクで中古コンドミニアムを買う場合のチェックポイントについて次のように書いています。

①バンコクでコンドミニアムに住む人のほとんどは、コンドミニアムが持つその便利さを一番の理由に挙げる。したがって、バスや電車、タクシー、バイクタクシーといった複数の交通手段を使って簡単に外に出掛けられる利便性がコンドミニアムには重要であり、ソイの奥にあってタクシーもバイクタクシーも走ってないような、出掛けるのが億劫になる不便なものを買ってはいけない。

②もしロケーションが同等であれば、眺望は次に重要な要素になる。したがって、物件選びの際は実際に現地に行き、眺望のよい物件を選ぶべき。プレビルドでなく、既に竣工している中古物件だからこそこれができるのだから、必ず眺望を確認するべきである。

③新築物件に比べて十分な割安感があること。最高のロケーションにありながら新築よりかなり価格が安いのが中古の魅力である。その1つの理由は、デベロッパーが土地を今より安い時期に取得して開発したからである。したがって、ソイの奥にある不便なロケーションの新築コンドミニアムが、駅前の中古物件よりはるかに高い価格で売られていたりするが、実際に賃貸に出すと入

居者がすぐに見つかるのは中古の方なのである。

④もし中古物件を買うのなら、新しいプロジェクトが次々と売り出されている人気エリアのものを買うほうがいい。というのも、そういうエリアでは周辺の新築コンドミニアムの市場価格がわかるので、簡単に中古物件と比較ができるし、中古の割安感が引き立ち流動性が高くなる。

プレビルドというのは日本では認められていない購入方法なので買い方に注意が必要ですが、中古物件については日本とほぼ同じなのでわかりやすいと思います。

ただし、④のところはちょっと重要だと思います。バンコク不動産マーケットの透明性と成熟度はＡＳＥＡＮの中ではトップクラスとはいっても、これはベトナムやカンボジアと比べたらの話であり、レインズやＭＬＳのようなデータベースがある日本やアメリカと比べると、中古物件の取引事例などまずわかりません。特に我々のような外国人には中古物件の市場価格を判断するのが難しいのです。

これはタイ人にとっても同じで、中古物件を売買する場合、一体いくらが正当な市場価値なのかというところがわからず、売主も買主も疑心暗鬼になり、なかなか売買が成立しません。

これは元ＣＢＲＥのリサーチ部門のマネージャーに聞いたことですが、中古物件売買の統計を取ると売出されてから売却されるまでに平均で３４０日以上もかかっているというのが、バンコクの中古市場の現状なのだそうです。

もっとも、急いで売る必要がないオーナーが将来の値上りを見込んで最初から相場以上の値づけをしている例も多いのですが…。

したがって、周辺でいつも新しいプロジェクトが売り出されるような人気エリアで中古物件を買っておけば、常にその新築価格と比較しておおよその市場価値が判断できるので、「入口」のところだけでなく「出口」においてもエグジットがしやすく、不動産の最大の弱点である換金流動性がないリスクもある程度緩和できるのです。

3　プレビルドはプリセールか竣工直前直後の投売りを狙え

販売代理業者だからチャンスがあるとは限らない

国内の住宅購入意欲がなかなか回復しないことから、最近のデベロッパーはタイ国内に先駆けて海外での先行販売をするところも出てきています。それだけ外国人投資家に対する期待が大きいということであり、悪くいえば、それだけ外国人に依存しなければならなくなっているということでもあります。

ところで、投資家が新規プロジェクトを価格の安いプリセール段階で買う場合には、筆者はできるだけそのプロジェクトで希少価値のあるレアユニットを買うようにすすめています。つまり、眺望の良い高層階、通風に優れる角部屋とか、1ベッドルームより2ベッドルームというようにです。

その理由は、昔と違って今のコンドミニアム市場では、一番多い30㎡前後の1ベッドルームなどは

〔図表67　プリセール数日前から会場前で順番待ちする人達〕

余程ロケーションがいいとかスペックがいいという魅力でもない限り、ほとんどゲンガムライ（竣工前の購入予約権転売）による転売益は期待できないと覚悟したほうがいいと思っているからです。

しかしながら、デベロッパーもそれは心得たもので、日系業者を含め販売委託をする不動産エージェントには、そういう希少価値のある物件だけ選択するチェリーピッキングを認めず、平均的な狭小ユニットも含んだセットで販売を要求しているケースが多くなってきています。

そうなると彼らもビジネスなので、顧客にとって有望な物件をすすめるというより、デベロッパーの要求に沿って魅力のないユニットも売るしかなくなります。

したがって、筆者がいつもいっているような高層階の眺望に優れた50㎡前後の2ベッドルーム、などという理想的なユニットは、日本で販売代理をする不動産エージェント経由ではなかなか買えないことのほうが多いと思います。

一方で、これは白人系不動産エージェント達が買主の代理人、リテインドエージェントとしてよくやる購入方法なのですが、1日1，000バーツほど払って図表67の写真のようにプリセールの数日前からクライアントの代わりにタイ人に並んでもらい、自分の目的とするユニットを直接プリセール当日に購入するというストレートな方法のほうがチャンスがあると思うのです。

つまり、海外の投資家が現地の不動産エージェントを自分のリテインドエージェントとして雇い、人気ユニットを買いに行くわけですが、たとえ首尾よく買えなかったとしても、何千万円もする不動産を買おうとしているのですから、この程度の出費は大したリスクではないと考えるべきなのです。

竣工直前直後の投売り

軍部のクーデターによって反政府運動が鎮圧され、政局が安定した結果、2014年後半に入ってから外国人投資家が投資を再開しました。そのタイミングに合わせ、バンコク都心部では新規プレビルドプロジェクトが堰を切ったように大量に売り出されました。

これは第1章3項の図表8、四半期別新規供給量推移のグラフを見てもらえばわかりますが、2015年の第1四半期と第2四半期の供給量がそれぞれ1万ユニットを超えていることからもわかります。そして今、それらが続々と竣工引き渡しを迎えつつあります。

〔図表 68　竣工直前に投売りが多かったプロジェクト〕

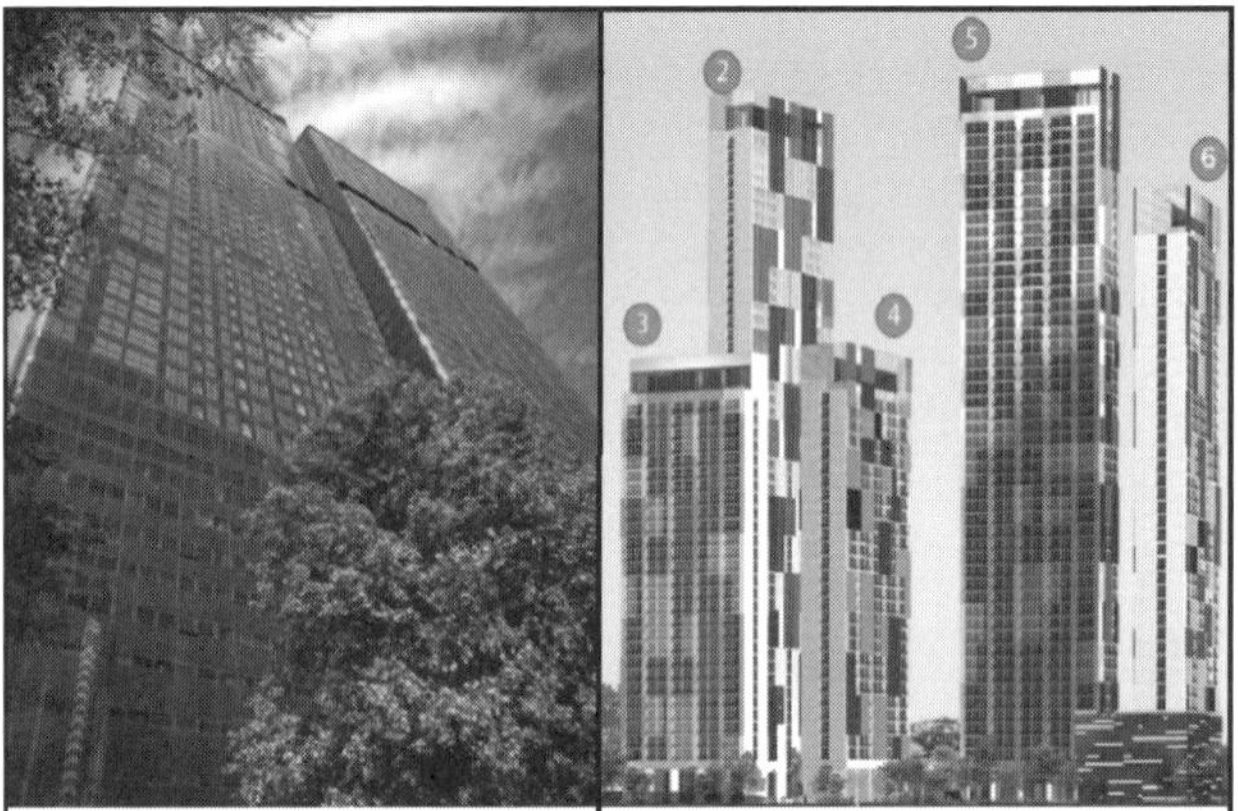

アシュトンアソーク	パーク24

〔図表 69　投売り物件例、損切りの売り物件広告〕

投売り物件例

Ashton Asoke หนีตาย ขายขาดทุน 200,000 บาท!
ห้องเดียวเท่านั้น ขนาด 33.5 ตรม. ทิศตะวันตก
ขาดทุนจริงจากหน้าสัญญา เจ้าของไม่โอนกับโครงการดี ๆ
ใจกลางแยกอโศก ติดทั้ง MRT & BTS ทำเลดีที่สุด
นักลงทุนท่านใดสนใจมีเครดิต กู้ได้ 100% มีเงินเหลือทอน
ติดต่อด่วนครับ

アシュトンアソーク、20万バーツの損切り売り！
西向き、33．5㎡の1ベッドルーム、1ユニットのみ
デベロッパーとの売買契約書の価格からさらに20万バーツ
（約70万円）値引きします
アソーク交差点のBTS、MRT両方の駅に至近のCBD一等地
投資目的の購入でも、この価格なら100%ローンが可能
大至急、連絡乞う！

〔図表70　2018年竣工予定の注目プロジェクト〕

しかもその一方で、２０１６年頃から始まったデベロッパーの郊外から都心部への開発シフトにより、最近はＣＢＤのラグジュアリーコンドミニアムも幾分だぶつき気味になりつつあります。

その結果、今よりかなり地価が安かった頃に売り出されたＣＢＤの物件であっても、ゲンガムライの転売目的で買った投資家が竣工間近になってもなかなか転売できないという事態が起こりつつあります。

さらに、金融機関の厳しい与信基準が続く中、住宅ローンを借りられないために、仕方なく購入を諦めるしかなくなった連中からの失望売りや投売りも出てきています。

このことは、一等地にもかかわらず竣工が近づいたアシュトンアソークやパーク24から、図表69のような損切りの売り物件広告が相当数出てきたことからもわかります。

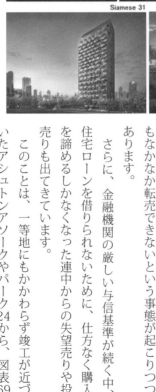

〔図表71　2019年竣工予定の注目プロジェクト〕

すなわち、数年前に売り出された優良プロジェクトが、竣工引渡しが近づくにつれて当時のプリセールに近い価格や場合によっては損切覚悟で出てくる事例が今後も続く可能性が高く、これから買う人にとってはチャンスでもあるということです。

ただし、どの物件でもこういう安値買いができるわけではなく、逆に数少ないレアユニットについては高いプレミアムが付き、今でも売手市場が続いています。

例えば、アシュトンアソークの場合、1フロアに2ユニットしかないレアユニットの2ベッドルームは、今のスローなマーケット下でも2割以上プリセール価格から値上がりし、30万バーツ/㎡を超える売手市場になっています。

それに対し、700ユニット近くもある30

㎡台の1ベッドルームはその過剰感から、アソークで最高のロケーションにありながら失望売りや損切りがたくさん出てきたわけですが、このロケーションで数年前の地価がまだ安かった頃に売り出されたプリセール価格で買えるというのも、本来であれば、買いのチャンスであったわけです。

もっとも、今回のように無事竣工したにもかかわらず引渡しができなくなるというような問題が起こることは、一般の投資家には想像もつかなかった事件であり、プレビルドという購入方法の問題点が再認識されたわけでもあるのですが…。

いずれにせよ、われわれ日本人のように地理的にハンディがある投資家の場合、販売初日に人気のあるレアユニットを買うことなどなかなかできないので、やはり新築が欲しいという人には、これから竣工を迎える信頼できるデベロッパーによるプロジェクトで、その竣工直前直後に出てくる投売りを狙うことをおすすめします。

参考までに、BTSスクムビットライン沿いで2018年と2019年に竣工予定の注目プロジェクトを図表70と71で挙げておきます。もちろん、今後の不動産市場の動向次第ではありますが、これからリセール市場を注意深くチェックしていけば思わぬ拾い物ができる可能性は大です。

なお、これら8つのプロジェクトはすべてアソーク、プロンポン、トンローといった人気のロケーションにあるラグジュアリークラス以上の物件であり、竣工直前直後の投売りといっても、眺望など条件のいいユニットを20万バーツ/㎡以下で買うことはなかなか難しいと思います。

したがって、予算が少なくとも3，000万円以上ある投資家が対象になります。

4　価格乖離が大きい中古リセール物件を狙え

中長期で賃貸運用してもよいという覚悟が不可欠

最近の都心部地価高騰を受けて、トンローなどの人気のあるところでは新規プロジェクト販売価格の上昇が他のＣＢＤやダウンタウンに比べても速くなっています。

すなわち、将来の値上り余地をも織り込んでしまった可能性があり、その場合、竣工引渡し前に転売して儲けるゲンガムライで成功する確率も低くなっていきます。

したがって、これからプレビルド物件を購入する場合は、竣工前に転売できなければ中長期で賃貸運用してもよいという覚悟が不可欠ということです。

しかし、もし中長期投資ということになった場合、現地の銀行から借入を起こすことができず、フルエクイティ（全額自己資金）で投資しなければならない我々外国人にとっては、まとまった資金が長期にわたって寝ることになり、低い賃貸利回りではあまり投資妙味が感じられません。

では、どうしたらもっと投資効率を上げられるのかと考えると、やはり割安感のある過去に売出されたプロジェクトの購入予約権や中古物件のリセールを安く買うことだろうと思います。

筆者に限らず、銀行でローンが借りられるタイ人の間でも考えは同じのようで、２０１５年以降は特に購入予約権よりもっと割安感のある築浅の中古物件を買う比率が増えています（図表73）。

〔図表 72　中古物件広告に見入る消費者〕

〔図表 73　中古物件と購入予約権、売買成約比率の推移〕

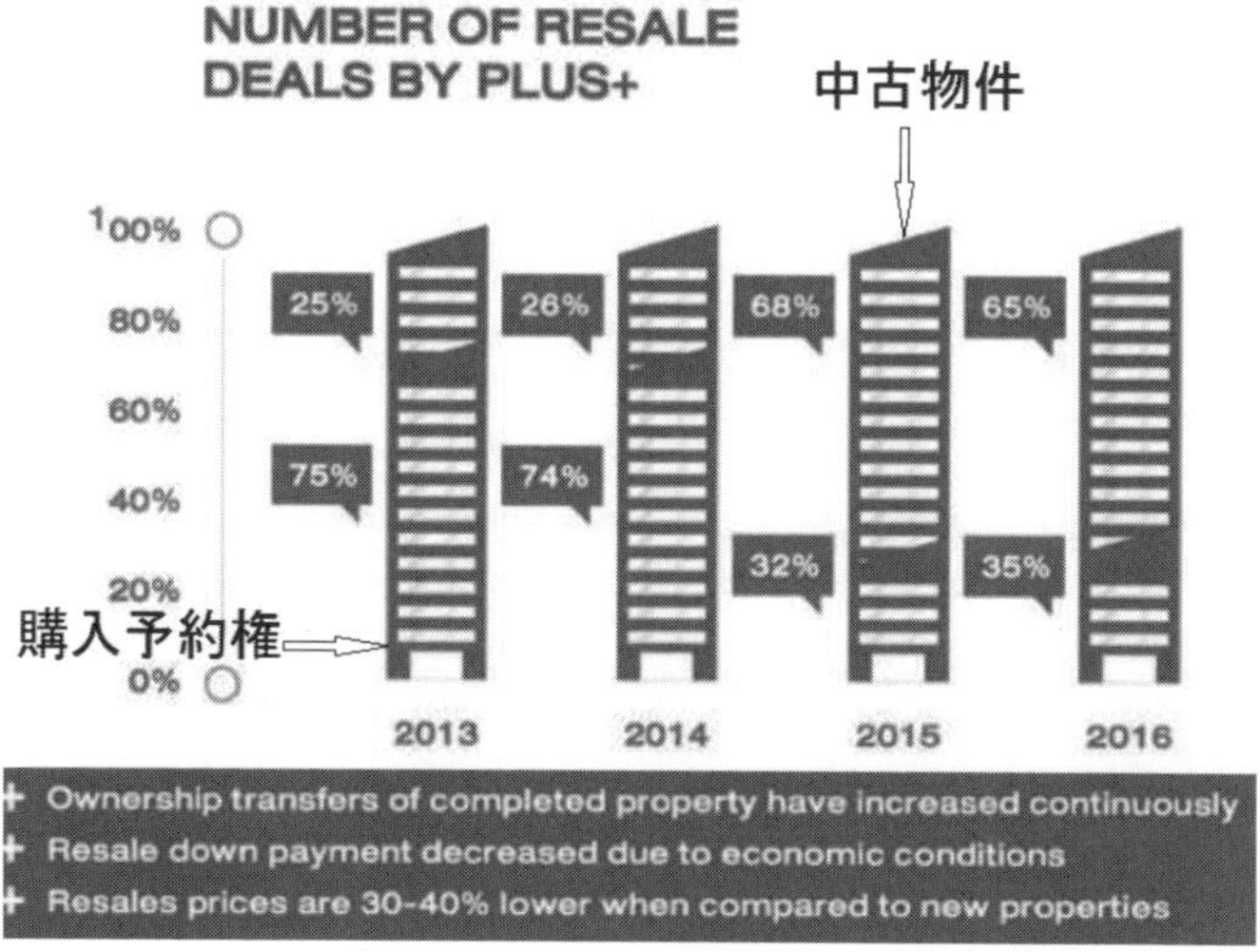

〔図表74　リセール物件の割安感〕

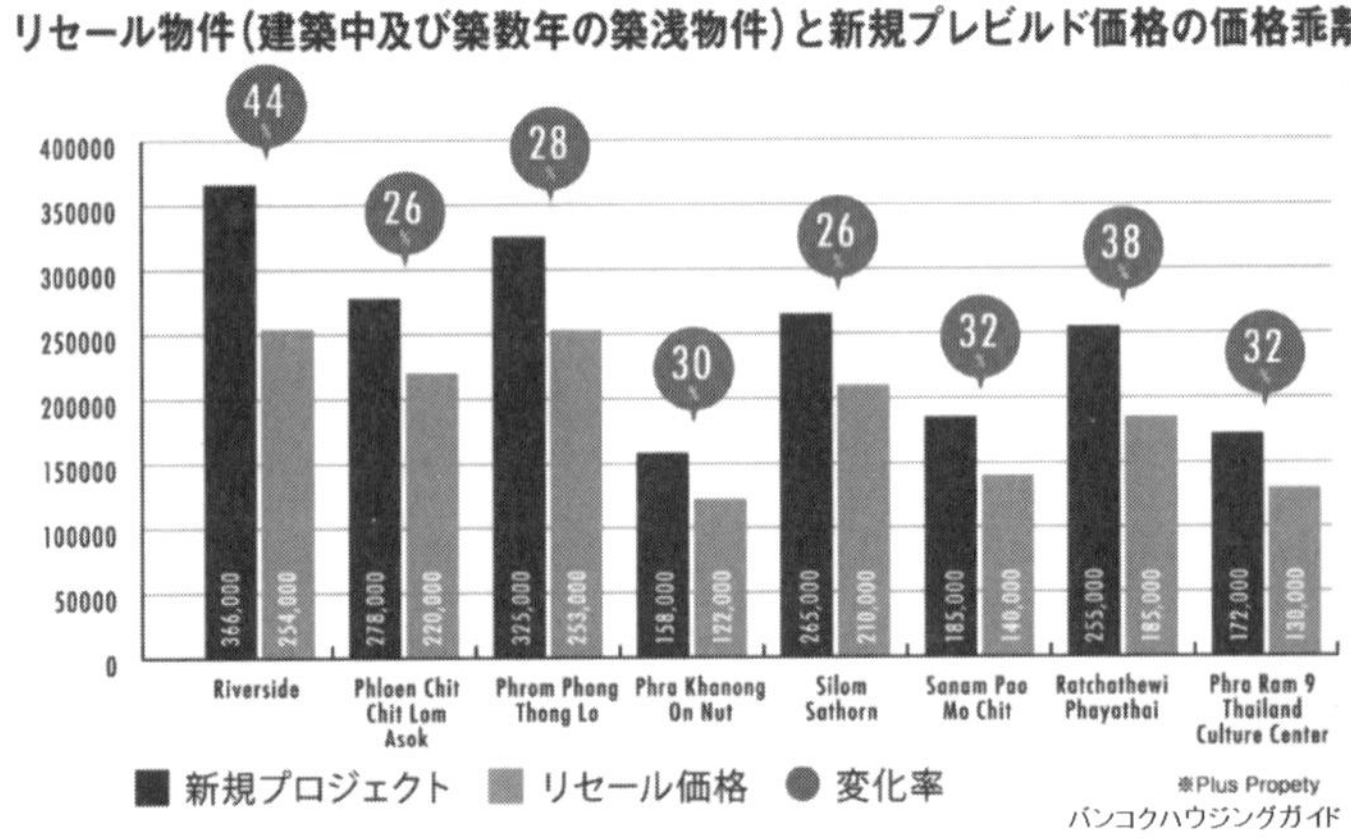

※Plus Propety
バンコクハウジングガイド

なぜこういうことが起こるかといえば、デベロッパーの強引な新規プロジェクト供給により売出価格が急上昇する都心部では、中古物件だけでなく、数年前に売り出され現在も建設が進むプロジェクトの購入予約権のリセール価格でさえもその値上りにタイムラグが出て割安になるからです。

ちなみに、デベロッパーと投資家というものは本来利害が不一致するということを頭にいれておくべきです。筆者はこれまでデベロッパーと機関投資家という2つの職業についてきましたが、新規供給をどんどんやって売上を増やし成長したいデベロッパーと、新規供給が難しい希少価値のある物件に投資して空室リスクを軽減し、かつキャピタルゲインを享受したい投資家では、そもそも目的が違うということを認識しなければなりません。

つまり、デベロッパーにとって将来性のあるロケーションというのは、新線沿線のようなこれからいくつものプロジェクトを開発供給できる場所という意味であって、投資家にとっての将来性があるロケーションとは意味が違うのです。

したがって、筆者はデベロッパーのポジショントークにできるだけ惑わされないで、投資家にとって何が効果的な投資なのかをいつも考えるようにしていますが、特にデベロップメントパイプラインを重視していて、バンコクコンドミニアム市場の一番の問題点である供給過剰が見込まれるところは、とにかく警戒したほうがいいと思っています。

さて、最後にこの図表74のグラフはプラスプロパティのデータですが、シーロム、セントラルルンピニー、スクムビットのように投資家に人気のあるCBDでも、竣工前の購入予約権と築浅中古物件のリセール価格が新規プロジェクトの価格より3割近く安くなっているのがわかります。つまり、築数年の中古に限った場合はさらに安いということです。そこでもし、築2〜3年の中古物件を周辺の新規プロジェクトより3〜4割安く買って、インテリアデザイナーを入れて内装をグレードアップし新築と同等の家賃を維持できれば、投資利回りは格段に良くなることになります。

5　空室リスクを下げたければ広めの中古を買え

空室リスクを低くするポイント

バンコクの場合、30㎡前後の1ベッドルームは都心、郊外を問わず供給過剰気味であり、賃貸で苦戦する可能性が高いのが実状です。供給量が多いからといって、必ずしも賃貸需要があるわけではなく、まさに需要と供給のミスマッチが起こっているのです。

したがって、空室リスクを低くするためには、できれば40㎡以上の1ベッドルームや、中古でもいいので広めの2ベッドルームに投資すべきです。

ここで不動産エージェントであるJLLインターナショナルのコメントを引用します。

『CBDでは過去数年間でコンドミニアムの供給が急増したが、これが今の賃貸市場に影響を及ぼしつつある。また、セグメントによってそのパフォーマンスにも差があることがわかった。

バンコク全体としては入居者の賃貸需要は今も大きいものの、実際には小さいユニットは競争激化で空室リスクが高くなり、一方で大きなユニットは供給が少ないことから比較的パフォーマンスが良くなっている。

すなわち、セグメントをサイズで見てみると、CBDにおいてもスタジオと1ベッドルームの供給量が多いため、入居者募集で最も競争が激しいのがこのセグメントなのである。

そして、その原因は今もデベロッパーが一般消費者が購入しやすいように価格を押さえた狭小ユニットの大量供給を続けていることにある。

それに対し、それほど激しい競争にさらされてないのが、供給量がずっと少ない2ベッドルームのセグメントである。

駐在員向けCBDの2ベッドルーム月額家賃は大体5万バーツから7万バーツが中心であるが、

このセグメントで興味深いのは、多くのテナントが新築物件よりも広い間取りの中古物件の方を好む傾向にあることだ。

さらに中古物件のほうが大きな共用部を持ち、プールやジム、サウナ、テニスコート等の共用設備も新築コンドミニアムより充実していることも理由の1つである』。

実際のところ、現在でもバンコクで建設中のコンドミニアムの実に7割以上がスタジオと1ベッドルームという調査結果が出ていることからも、この指摘には納得がいきます。

しかし、タイ人ミドルクラスのサラリーマンに聞くと、30㎡あれば広い物件と思うようで、この辺がバンコクの外国人エクスパットとは感覚が違います。

もっとも、東京でも都心5区で30㎡もある新築マンションに住むとなれば、家賃は下手をすると20万円にもなるので、普通の独身サラリーマンでなかなか30㎡もの新築マンションに住める人はいません。そういう意味ではバンコクのタイ人も同じ感覚なのかもしれませんが…。

いずれにせよ、同じ価格であれば新築より平米単価の安い中古物件のほうが専有面積が広くなり賃貸しやすいということなのです。

すなわち、短期転売でなく、賃貸運用で中長期投資をするイールドプレイが投資戦略であれば、家賃設定が5万から7万バーツの2ベッドルームか3ベッドルームで、新築よりかなり広めの中古の方が狙い目だということになります。

〔図表75　ＢＴＳ沿線で最も駅前の地価が上昇した駅〕

AREA地価鑑定価格					
順位	駅名	2010年地価 バーツ/4㎡	2017年地価 バーツ/4㎡	2017年 地価上昇率	平均地価上昇率 （過去7年間）
1	**オンヌット**	**400,000**	**700,000**	**11.10%**	**8.30%**
2	サムットプラガン	65,000	100,000	11.10%	6.30%
3	サイルアット	75,000	120,000	9.10%	6.90%
4	ラーチャダムリー	1,000,000	1,600,000	8.80%	6.90%
5	トンロー	750,000	1,400,000	7.70%	9.30%
6	ベーリング	150,000	280,000	7.70%	9.30%
7	**サナームパウ**	**500,000**	**850,000**	**7.60%**	**7.90%**
8	**アヌサワリー**	**550,000**	**850,000**	**7.60%**	**6.40%**
9	チョンノンシー	900,000	1,500,000	7.10%	7.60%
10	スーラサク	900,000	1,500,000	7.10%	7.60%
11	**プラカノン**	**450,000**	**750,000**	**7.10%**	**7.60%**
12	**バンジャーク**	**260,000**	**450,000**	**7.10%**	**8.20%**
13	プレークサー	100,000	150,000	7.10%	6.00%

一般的にBTS沿線では用地取得額が50万バーツ/4㎡を超えると、プロジェクトの売出価格は15万バーツ/㎡以上になるといわれる

〔図表76　2018年コンドミニアム・セグメンテーション〕

2018セグメンテーション表				
セグメンテーション	平米単価	最低ユニット価格	広さ	ロケーション
スーパーラグジュアリー	300,000 <	2,000万バーツ	55㎡以上	CBDメインロード
ラグジュアリー	200,000 ～ 300,000	1,000万バーツ	45㎡以上	CBDソイを含む
ハイクラス	150,000 ～ 200,000	500万バーツ	35㎡以上	ダウンタウン、フリンジ
アッパークラス	100,000 ～ 150,000	300万バーツ	30㎡以上	フリンジ、ミッドタウン
メインクラス	70,000 ～ 100,000			ミッドタウン
エントリークラス	< 70,000			サブアーバン

6　投資のロケーションは地価水準で選べ

図表75は、第2章でも使った２０１７年に最も地価が上昇したＢＴＳスカイトレインの駅をランキングしたものですが、地価水準を調べれば予算のボリュームゾーンである４００万バーツから８００万バーツで探している投資家が、新規プロジェクトを買う場合に狙ってくる駅がおのずと見えてきます。

バンコクではマストランジットシステムから５００メートルまでは、容積割増で大きなハイライズが建てられるのですが、その場合でも一般的に地価

が50万バーツ／４㎡（タランワー）を超えるようになると、新規プロジェクトの売出価格も15万バーツ／㎡を超えるようになるといわれています。

つまり、50万バーツ／４㎡前後の地価水準の駅周辺では図表76のセグメンテーション表でいうアッパークラスからハイクラスの物件が多く開発されるということになりますが、この10万～20万バーツ／㎡が現在最もマーケットプレイヤーが多く売行きのいいセグメントでもあります。

したがって、図表75では地価が50万バーツ／４㎡から大きく乖離した駅をグレイで網かけして除外し、アッパークラスからハイクラスの物件が開発できる駅を残しましたが、このように自分の予算と照らし合わせて候補地を探すことができます。

7　廉価プロジェクトのキャピタルロス

減損処理

不動産には建物価値の減損リスクというものがあります。減損という言葉は会計用語であり、市場価値の減少によって固定資産等の価値が著しく減損損失した場合に、バランスシート上の資産価値を減らして市場価値で実態を表そうとしますが、これを減損処理といいます。

タイのコンドミニアムの場合、日本に比べて明らかに建物の劣化が速く、日本の減価償却のように47年もかけて悠長にストレートラインで減価していく余裕はありません。

そこで考慮しなければならないのがコンドミニアムの開発コストです。今、バンコクＣＢＤ（中心部ビジネス街）の地価が高騰したことにより、新聞などではラグジュアリークラスのコンドミニアムで開発総コストに占める土地の比率が35％以上になっているともいわれています。

一方、郊外のまだマストランジットも走ってない、もしくは電車は走っていても駅から遠く離れたプロジェクトの開発コストに占める用地取得費用の割合は15％程度といわれています。

例えば、トンローのスーパーラグジュアリーの販売価格はもう35万バーツ／㎡を超えてきていますが、仮に総コストの30％が用地取得費、その他の建設費用が70％とします。

一方、郊外の廉価なプロジェクトは7万バーツ／㎡以下のものが多く売り出されていますが、その開発コストの中で土地が15％とすれば、劣化減損する建物部分が85％と大きくなります。

土地は劣化せず利用価値が上がれば地価も上昇しますが、建物は確実に経年劣化していきます。特にタイの場合、非常に廉価な建築資材を使った郊外物件は竣工後わずか数年で古ぼけてきます。

また、優れたデザインや工法、スペック、耐久性のある建築資材を使う高級物件とコストパフォーマンスに徹した物件とでは、物理的な経年劣化のスピードだけでなく、間取りの違い等快適な居住空間としての商品価値の寿命も違ってくるので、減損度合にはさらに大きな開きが出ます。

さて、筆者がグリーンライン沿線であっても地価が極端に安い郊外のサムットプラガンやエラワンのプロジェクトに消極的な理由がこれなのですが、郊外プロジェクトは土地以外の経年劣化する部分の比率が高い上に、その劣化速度も速いからです。

つまり、たとえ今後ＣＢＤと郊外で地価が同じ率で上昇するとしても、郊外物件はマイナス方向に作用する建物価値の減損のほうが大きく、キャピタルロスになるリスクが高いのです。

実際、今の郊外物件は竣工後数年が経過して値下りしているものも多く見られます。

一方で、郊外のほうが都心部より賃貸利回りが高いではないかという見方もあります。確かに複合利回りであるＩＲＲ（内部収益率）の観点から見れば賃貸利回りが高ければＩＲＲは上がってくるので一理あるのですが、実際には現在の郊外市場は供給過剰状態で空室リスクも高く、むしろ実質利回りでも都心部より低くなる可能性のほうが高いと考えています。

8　リテインドエージェントを使って直接取引

日本人がよく犯すミス

海外不動産取引の経験があまりない日本人がよく犯すミスが、日本と同様にタイの不動産エージェントを日本でいう売買の仲介業者と同じだと勘違いしてしまうケースです。

筆者はこれまで職務上多くの国で不動産投資や開発をしてきましたが、買主と売主では利益相反（Conflict of Interest）があるため、外国では1つのエージェントが両者の間に入って仲介をするということはまずありません。

もちろん、エージェントは両方からフィーが取れるのなら喜んでやってくれますが、買主と売主

〔図表 77　買主側代理人〕

の当事者が利益相反を理由に容認しませんから、そもそもあり得ないことになります。

一方、日本だけが宅地建物取引業法の中で売主と買主の両方から仲介業者が仲介料を取ることを認めていることから、日本人買主もこれが当り前と考えている人が多いようです。

筆者は8年以上にわたり、ロンドンでオフィスや店舗ビルの開発とそれに伴うアセットマネジメントを行ってきたのですが、英国では外国人が不動産を購入する際に、不動産エージェントに物件探しを依頼することがごく普通に行われていて、これをリテインドエージェント（買主側代理人）といいます。

特に、土地勘がない、市場価格がわからないといったフランス人やドイツ人の外国人が英国の不動産を購入する場合、このリテインド・エージェントを使うことが多かったようです。

ちなみに、ロンドンなどは交差点を渡った途端、高級住宅地から低所得層向けの住宅が建ち並ぶ治安の悪いエリアになってしまうこともあるので、通りの名前が極めて重要なのですが、土地勘のない外国人にとって通りの名前の持つ価値など知るよしもなく大きなリスクです。

最近では、日本でもソニー不動産が買主の利益を最優先にする「購入エージェントシステム」を導入して一石を投じていますが、筆者も修繕履歴や今後の予防修繕計画もチェックせず、まともな重要事項説明も作成しないのに両手商売をするバンコクの一部の業者に違和感を感じています。

それに、竣工前のプレビルド購入予約権売買の場合、プロジェクトがまだ完成しておらず登記も不要です。したがって、重説もつくりようがないわけで取引は極めて単純です。つまり、売主と買主が一緒にデベロッパーのところに行き、購入予約権の売買による名義変更を認めてもらえばいいだけなので、タイ人の間ではエージェントなど使わず直接取引をするケースも多いわけです。

ただし、ごく稀にですが、転売時にプリセール値引きの権利が剥奪されるという極めて変則的な特約が付いていたりすることもあるので、特に日本人の場合、決済前にサンヤーと呼ばれるデベロッパーとの売買契約を必ず確認する必要があるし、フォーリンクオタ（Foreign Quota）と呼ばれる外国人枠で買えることの確認も必要です。

また、筆者の知っているケースでも、売主を装ったタイ人に１００万円近い手付金詐欺にあった日本人がいますが、タイ語の読めない日本人買主がこういう書類のチェックまで自分でやるのはまず無理です。

そういうときに使うのがリテインドエージェントですが、筆者の経験ではやはり白人系のエージェントが要領がわかっていて使いやすいようです。ただし、英語ができないとそれも難しいので、その場合は日系業者をリテインドエージェントとして使うことになりますが…。

・ちなみに、筆者もコンサルティングのクライアントの依頼を受けて、リテインドエージェントとして有望な物件探しとタイ語での価格交渉まではやることがありますが、クロージングの細かな部分はネイティブなタイ人でなければリスクがあり、プロのエージェントか弁護士に委託することにしています。

タイ不動産の難しさはここにあるのですが、土地局を始め、現地の重要な取引手続は基本的にタイ語のみで行われているので、最後のクロージングのところは、経験を積んだタイ人ネイティブに任せる必要があるのです。

さて、最後になりますが、日本に居住する日本人投資家の場合、リテインドエージェントに対し、不動産エージェントは使わず売主との直接売買しかしないという条件で物件探しを依頼すれば、買主である投資家にはリテインドエージェントフィーがかかるものの、少なくとも売主がエージェントフィーを上乗せしてない価格で買えるというメリットがあるので、結局は両手商売されずに割安で買えることになるのでおすすめです。

もっとも、本当にそのリテインドエージェントが両手商売してないのかどうかは売主に聞く以外、調べようがないので、あとはそのエージェントを信用するしかないということになりますが…。

第5章

投資の「運用」戦略

Life Sukhumvit 48, プラカノン
市場価格　１０万～１１万バーツ/㎡

1　利回りに執着しすぎてはいけない

土地神話と利回り神話

昔、日本が80年代終盤のバブル全盛の頃ですが、日本の投資家は、値上がりするのは土地であって建物ではない、といって利回りなど無視してべらぼうに値上がりする古いマンションや土地を買い上がっていきました。

筆者は当時まだ駆け出しでしたが、日系デベロッパーで働いていて、当時会社が都心3区で開発したばかりのマンションを、このプロジェクトは開発コストに対して3％の利回りで回るから売らずにしばらく自己保有しよう、と役員会が決議したのを覚えています。

つまり、デベロッパーの開発コストに対して3％でしか回らないということは、それを分譲する場合には開発利益が出るように価格設定するので、個人投資家が買う場合、2％台でしか回らないということです。しかも当時は長期プライムレートが4％台とマイナス金利の今に比べればかなりの高金利でした。

それでも当時のマンション市場は、売り出せばほぼ即日完売という状況でしたから、利回りなどほとんど無視のまさに行き過ぎた土地神話だったと思います。

そしてその数年後、バブル崩壊が起こり、日本の不動産市場は長い低迷期に入るのですが、そこで次に出てきたのが、海外の投資家は不動産を利回りで買っているから失敗しない。やはり、不動産は利回りを基に投資するべきなのだ、という利回り神話ともいえる極論です。

当時から海外事業部で海外の不動産投資をやっていた筆者は、不動産を利回りで見るのは当然のことではあったのですが、海外であっても人気のある不動産ほどキャップコンプレッションにより利回りが低くなるのは同じであったので、結局はそのバランスで不動産価値を見極めるのが普通でした。

例えば、ロンドンでは同じウエストエンドの一等地でもフリーホールドと残存期間が１００年以上あるリースホールドではそのときの市場動向次第でフリーホールドのほうが還元利回りで０・２５％から０・５％低くなるのがマーケットのコンセンサスですが、これを超えて０・７５％とか１％も低くなれば明らかに行き過ぎだということで抑制が効き、滅多なことでバブルは起こりません。

しかし、今の個人投資家を見ていると、そういうバランス感覚で見るのでなく、どうも利回りに執着しすぎる人が多いような気がします。

これは極端な例ですが、北海道の旭川で中古の木造アパートが14％の利回りで回るのに対し、今の都心３区のマンションは３％でしか回らないから面白くないという投資家もいます。

でも見方を変えれば、都心ではキャップコンプレッションにより利回りが下がった分、不動産価値が上ったのであり、北海道の木造アパートはその逆で資産価値が下がったから利回りが上がっているのではないか、と考えるべきなのです。

今、バンコクではタイ人富裕層がＣＢＤの一等地にある高級コンドミニアムを買い続けています。今後都心部では用地取得がますます難しくなるから地価はもっと上昇する。それに伴い否応なしに都心部のコンドミニアム価格も上昇するから、たとえ利回りは低くなってもキャピタルゲインが狙える。だからＣＢＤの高級物件を買う、というのが彼らの論理です。

この考え方は、ある意味で土地神話に近いものですが、それでもまだ４％の利回りが取れる以上、正しいと筆者は考えます。

また、建物は土地に付属するものであるという考え方から、建物を減価償却しないイギリスでも、筆者が駐在員として住んでいた１９９０年代から、かれこれ20年以上たった今でも紆余曲折はあっても不動産神話、つまり土地神話は健在です。

しかし、どこかの時点で値上りにブレーキがかかるメカニズムが機能している市場である限り、それはバブルではありません。

このように、不動産価格の値上りというのは程度の問題であり、今のような世界的な預金金利低下の中では、不動産の投資利回りが３％台であってもまだ魅力はあるので、これからも地価は上昇すると思います。したがって、今はバンコク郊外で表面上の利回りは高いものの空室リスクも高い物件に投資するよりは、バンコク都心部やミッドタウンフリンジ駅前のコンドミニアムで、デベロッパーがなかなか用地取得できない希少価値のある物件に投資し、その土地神話に乗るという戦略の方が正しいのではないか、と筆者は思うのです。

５％利回り時代の終焉

トンローやプロンポンのような高級住宅地では、新築であっても５％の利回りが見込める、という時代はもう終わりつつあるのではないかと筆者は思っています。

一部上場大手企業の日本人駐在員で単身赴任か夫婦の場合、月額５万から６万バーツの住宅手当というのが筆者の得ている情報ですが、企業も経費節減に目を光らせているので、住宅手当というのは余程のインフレか家賃高騰でもなければ、そう簡単には増えません。

一方、コンドミニアム価格は上昇を続けているので、第２章４項でも書きましたが、投資家がＣＢＤで30万バーツ／㎡、50㎡の新築物件に投資する場合、投資額は１，５００万バーツになります。これで６万バーツの家賃をもらったとしてもグロスでもう５％には届きません。

また、最近ではさらなる価格上昇で、日本人の多く住むプロンポンやトンローのスーパーラグジュアリー級の物件であれば、35万バーツ／㎡もごく当たり前のようになってきているので、近い将来、バンコクでは高級住宅地でも５％の利回りが期待できるという常識は崩れるだろうと筆者は考えています。

２　ダウンタイムが一番怖い

空室リスクの緩和

先に述べたように、日本では不動産投資で賃貸中の高利回りに執着する人が多いのですが、賃貸需給が緩い市場では空室率が高く、そんな状況下で満室稼働想定時の高利回りを自慢しても仕方がありません。

空室リスクのミティゲーション（緩和）というのですが、1棟単位で買う機関投資家は必ず予想キャッシュフローの中で、空室引当率（Vacancy Allowance）を入れたりしてできるだけ空室リスクの緩和をします。

しかし、1ユニットだけ買う個人投資家にはゼロか100かしかないのでリスク緩和になりません。下手をすると、空室が続いた結果、管理費等の支払いにも事欠くようになります。それだけキャッシュフローの中で家賃収入が途絶えるダウンタイム（家賃ゼロ期間）は怖いということなのです。

ちなみに、タイの不動産コンサルティング会社のやり方を見ていると、個人投資家が予想キャッシュフローをつくるにあたって、毎年2か月のダウンタイムを取るべきといいます。

つまり、タイの賃貸借契約は1年更新なので、毎年入居者が入れ替わると想定し、次の入居者を見つけるために賃貸仲介会社に払う1か月分の費用と入居者が見つかるまでの空室期間でさらに1か月、合計2か月をダウンタイムとして毎年キャッシュフローの中で反映するわけです。

確かに、バンコクの賃貸物件は家電や家具が全部ついていて、特に1ベッドルームに住む単身者の場合は、大した家具も持ってないので毎年のように身軽に引っ越しができます。

それでリスク緩和策として保守的に1年ごとに入居者が入れ替わると想定するのは納得がいくのですが、わずか1か月で次の入居者が見つかるかというと、今の1ベッドルームの供給過剰状態を考慮するとそれは非常に疑問です。

しかしながら、ちょっとアバウトすぎるキャッシュフローではありますが、やはりこんなところに落ち着くしかないのだろうとも思います。

ところで、今はＣＢＤでもラグジュアリークラスのコンドミニアム供給がやや過剰気味になり、物件の選別化が起こりつつある中、高級住宅地でも空室リスクが大きくなってきています。

したがって、プロンポンやトンローの一等地であっても空室リスクを軽視せず、賃貸利回りよりも常に入居者がいてキャッシュフローがあるインカムプロデューシングの状態で物件を維持することに重点を置きながら、物件価格の値上りをじっくり待つ中長期投資戦略のほうが正しい「運用」戦略だと思います。

3　住宅手当のボリュームゾーンから離れるな

3万から8万バーツが日本人駐在員の家賃のボリュームゾーン

タイは製造業の駐在員が大半であり、金融等のサービスセクターが多いシンガポールや香港の駐在員に比べて住宅手当は少ないというのがコンセンサスですが、ＣＢＲＥの調査によると、バンコクの駐在員の場合、２ベッドルームで６万から７万バーツ、３ベッドルームで８万から10万バーツが家賃のボリュームゾーンとのことです。

そして、筆者が認識している大手日系企業駐在員の家賃水準も大体この範囲なのですが、自動車産業のような場合、関連企業や周辺産業も多くやってきていて、その駐在員も含めると、大体、月額3万から8万バーツが日本人駐在員全体の家賃のボリュームゾーンだと思います。

白人は別ですが、なかなか月額10万バーツを超える日本人駐在員はいなくて、上場企業の支店長クラスだけがその位のところに住んでいるようです。

したがって、日本人駐在員に貸せる物件に投資したければ、まず設定家賃がこのボリュームゾーンから離れないことです。いくら投資物件として魅力があるといっても、家賃が2万バーツ以下の物件や10万バーツ以上するようなラグジュアリー物件では、需要とのミスマッチが起こるので空室リスクが高くなります。

ただし、同じ日本人エクスパットでも現地採用の日本人従業員の場合は月額家賃のボリュームゾーンが15，000バーツ前後になるので、駐在員に固執しないのであれば、プラカノンやオンヌットのフリンジにある築浅中古物件に投資すれば、5％以上の利回りを狙うことも可能です。

4 外国人エクスパットに賃貸する方法

外国人に賃貸するときの基礎知識

次は、プラスプロパティのレポートからの抜粋ですが、投資物件を外国人に賃貸しようとする場合に、非常に参考になる内容です。

・最近のバンコクで働く外国人の増加は投資家にとっても大きなチャンスであり、その賃貸需要を見込んだタイ人や外国人投資家の不動産投資が増えている。

・外国人駐在員の場合、タイでは住宅ローンが借りられないこともあり、そのほとんどが住宅を購入せず賃借する。そして、その90％以上が月額家賃２万バーツ以上で、700バーツ／㎡から1，000バーツ／㎡の家賃を払っている。

このような状況なので、わざわざ郊外物件を買って入居者募集に苦労するくらいなら、我々も予算さえ許せば少しぐらい高くても賃貸需要が拡大しつつある外国人駐在員が多く住むエリアに投資対象を絞り込むほうが効率がよいというのもわかると思います。

中でも日本人に人気のあるのが職住接近のアソーク、高級ショッピングエリアのプロンポン、洒落た街並みのトンローですが、当然、そこのタイ人大家達が一番欲しがるテナントが日本人を中心とする外国人駐在員です。

ただし、バンコクには日本人だけでなく他の外国人も住んでいるので、プラスプロパティが次のようなことをいっています。

『コンドミニアムを外国人に賃貸したければ、外国人それぞれの生活スタイルや文化の違いを理解するべきである。つまり、同じ外国人といってもバンコクに住む外国人は大きく分けて欧米人、日本人以外のアジア人（主に中国人や韓国人）、そして日本人に分かれ、それぞれ賃貸住宅に対す

〔図表78　外国人エクスパットのニーズの違い〕

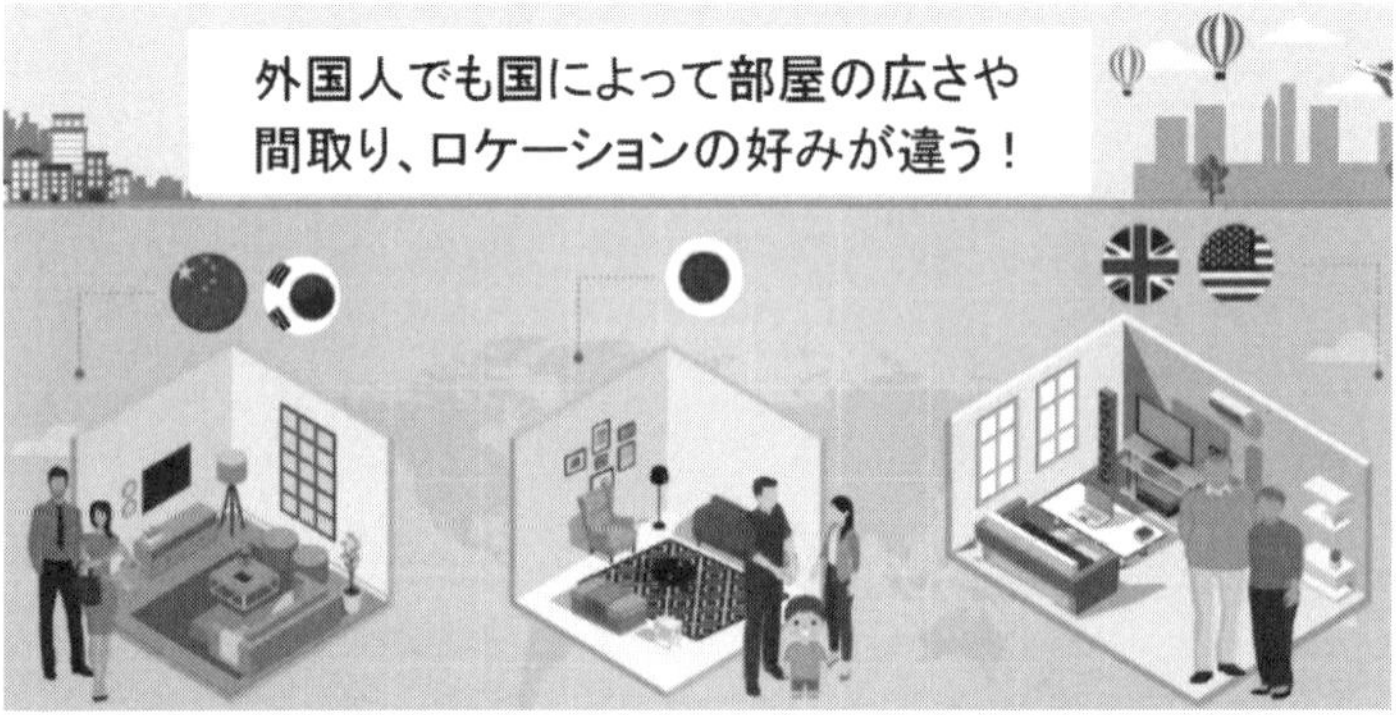

るニーズが違っている』。

ヨーロッパ人とアメリカ人

・基本的にはＢＴＳスクムビット線沿いに住むが、主にラーチャダムリ、プルンチット、ランスアンといったセントラルルンピニーからロワースクムビットに住む傾向があり、そのほとんどがコンドミニアムを選ぶ。

・広々としたシンプルな内装の部屋を好む。つまり、家主が内装装飾したものより部屋のデコレーションは自分の好みに合わせてやりたがる。

・マネージャークラスの欧米人は古くても２ベッドルームで１００㎡以上のユニットに住みたがる。また、３ベッドルームだと１５０㎡以上を要求するし、単身者でも50㎡以上の部屋に住みたがる。

・最近はアソーク以遠のミドルスクムビットにも

住むようになってきていて、彼らの住宅選択基準は〝ロケーションと家賃の額〟の2つである。

中国人とシンガポール人、韓国人

・ラーマ3世通りと地下鉄MRT沿線であるラチャダーピセーク通り沿いに住む傾向にある。
・同じ国民同士のコミュニティーにいるほうが外国では安心して暮らせると考えているので、同じ国からきたもの同士で集まって住みたがる傾向がある。
・賃貸住宅選択基準は〝家賃の額〟である（注：家賃が比較的安いところに住むということ）。

日本人

・大多数の日本人たちはアソークからエッカマイにかけてのミドルスクムビットに住む傾向にある。特にスクムビット24、31、39、49、55が人気があり、その次に人気があるのがスクムビット23、26、36、38、53、そしてエッカマイ通りである。
ただし、最近はプラカノンからオンヌット
にも日本人が住み始めている。
・日本人も同じエリアに集団で住む方が安全だと思うようで、これがトンローなどの日本人が多く住むエリアのコンドミニアムに、投資家の投資が集中する原因にもなっている。
実際にトンローの住人全体の半数以上が賃借人であり、しかもその賃借人の半数以上が日本人で

〔図表 79　日本人エクスパットが多く住むエリア〕

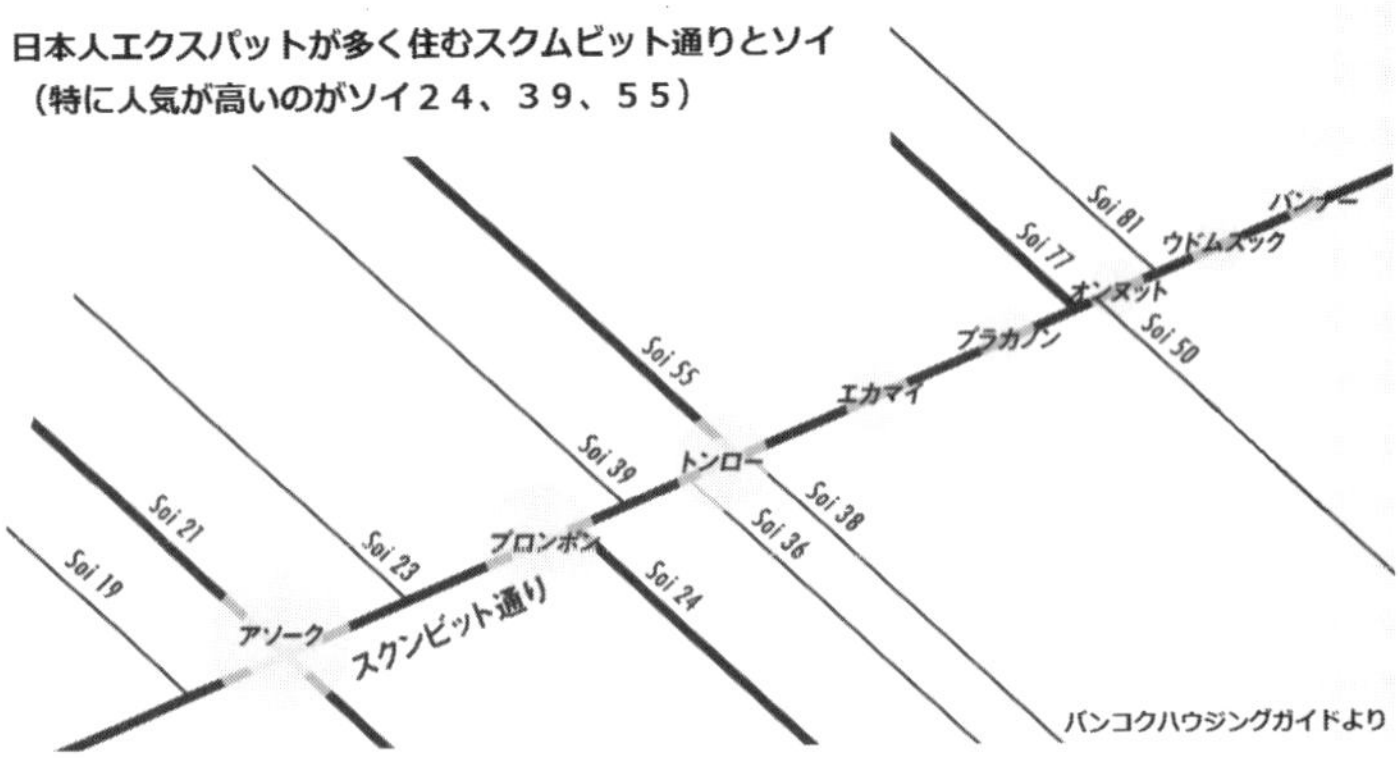

ある。

　このレポートはさらに続き、日本人エクスパット達がどんなポイントを基準にバンコクでの自宅を選んでいるのかについて次のように書いてあります。

・日本人に住宅地として特に人気があるのがスクムビット通りである。その最大の理由がＢＴＳスカイトレインの存在であるが、それ以外にも職場、学校、病院が近いという４つの重要条件がすべて揃っているのである。

・日本人は家主が家具家電を買い揃え、いつでも住める状態にきれいに内装装飾されたFully Furnitured（家具完備）の部屋を好む。

・あまり大きな部屋を好まず、単身者の場合、40㎡から50㎡あれば十分満足するし、家族同伴のエクスパットの場合でも2ベッドルームを選択することが多い。

・こういったデータが不動産投資家に、日本人テナントの好むようなデザイナー仕様の内装デコレーションをさせたり、日本人テナントのデータベースを持つ日系仲介業者を優先的に使おうとさせるのである。

筆者のアドバイス

・日本人家主は日本で賃貸物件を家具なしで貸すことから、ソファーやベッド、テーブル、その他室内装飾、そして、ＴＶや洗濯機、冷蔵庫、エアコン等の電気製品を含めた Fully Furnitured の物件を賃貸した経験がほとんどありません。
　その結果、自分で家具購入や装飾をやってしまうというミスを犯します。筆者が見る限り、素人のセンスではデザインに調和がなく、また妙なところで費用を倹約したりするので部屋が魅力に乏しくなり、結果として空室リスクが高くなってしまうのです。

・インテリアデザインは日本人家主が思う以上に重要で、しかもタイ人のインテリアデザイナーはセンスがある人が多く、自社工場で製作したビルトイン家具を取り付けたりして魅力的な日本人好みのデザインで内装工事をしてくれます。

・特に競争が激しい１ベッドルームの場合、少しでも空室リスクを減らしたければ、たとえ新築物件であっても優秀なデザイナーを使ってリノベーションを行い、他の部屋と差別化するべきです。

5　増加の一途、外国人デジタルノマドを狙え

タイはデジタルノマドにとって住みやすいところ

図表80は２０１８年の2月にイギリスのThe Telegraphに掲載された、世界で働くデジタルノマド（母国から遠く離れた外国でテレコミュニケーションを使って仕事をする人達のことでリモートワーカーともいいます）が選んだ、世界で住みやすい街ベスト13のランキング表です。

そしてもう1つは同じ頃、ブルームバーグが公表したインフレや失業率を基に世界で貧困を感じないで暮らせる国のランキングなのですが、昨年に続き、タイは世界トップの座を譲っていません。

少なくともこれらからわかるのは、バンコクに限らずタイという国がデジタルノマド等の外国人にとっても非常に住みやすいということです。

第1章1項の最初で、タイは日本人の定年退職した人が住みたい国の常連トップ3の1つと書きましたが、彼らよりももっと年齢の若いＩＴエンジニア等のデジタルノマド達の間では上位独占状態ということなのです。

特にバンコクについては、彼らはコメントの中で、「生活費については他のアジアの街に比べると高いものの、治安の良さ、フリーＷｉＦｉの充実、そして人々が外国人に対してフレンドリーな環境であることが高ランクになっている理由である」といっています。

〔図表 80　デジタルノマドが選ぶ住みやすい街〕

リモートワーカーにとって世界で住みやすい街ベスト13			
順位	都市	国	生活費/月
1	チェンマイ	タイ	$428
2	バンコク	タイ	$903
3	プーケット	タイ	$664
4	パイ	タイ	$672
5	プラハ	チェコ	$756
6	サンファン	プエルトリコ	$1,445
7	ペナン	マレーシア	$683
8	マーデルプラタ	アルゼンチン	$808
9	ハノイ	ベトナム	$691
10	コルナ	スペイン	$1,236
11	ソフィア	ブルガリア	$948
12	シェムリアップ	カンボジア	$695
13	クアラルンプール	マレーシア	$772

The Telegraph

Bangkok:
The cost of living in Bangkok is relatively high compared to other Asian cities. However, it ranks highly for level of safety, free WiFi access and for being friendly to foreigners.

〔図表 81　ブルームバーグ　貧困を感じさせない国トップ 10〕

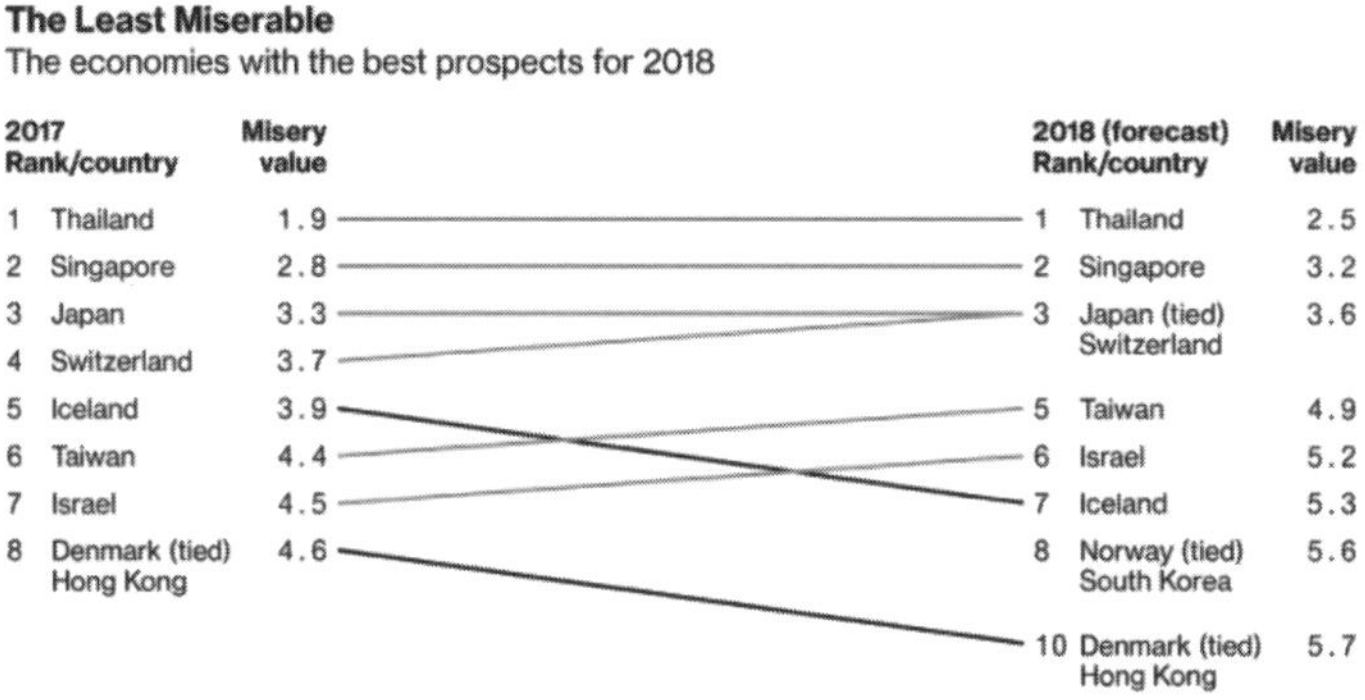

〔図表 81　バンコクにあるコーワーキングスペース〕

また、バンコクではコンドミニアムに比べてオフィスの新規供給はあまりないので、オフィス賃料が高止まりしています。しかし、ほとんどのデジタルノマドはフリーランスなのでオフィスで働く必要がなく、自宅や割安なコーワーキングスペースで自由に仕事ができます。

しかも、バンコクは街のプライムエリアにありながら、コンドミニアムやサービスアパートメントが充実していて、他の国の大都市に比べて家賃も安く、その上、外国人が多いことから、外国人同士のコミュニティーも発達していて、ナイトライフ等、母国から遠く離れていても孤独にならず楽しめる生活環境があるところもタイを選ぶ理由として挙げられています。

また、デジタルノマドのための職業斡旋企

業であるイギリスのピープルパーアワーが調査したところ、アジアではバンコクが最も起業に適しているという結果でもありました。

一方でタイ政府も、２０１８年2月から期間4年のスマートビザを発行して、有能な技術者や起業家をタイに呼び込もうとしています。

しかし一方で、第1章6項で書いたように最近は日本人エクスパットが頭打ちの傾向にあります。しかも10年から15年ほど前に年金生活でセカンドライフをバンコクで送ろうとやってきた団塊の世代の人達などは、最近の円安で年金だけでは夫婦で生活がやっていけなくなったり、高齢による健康上の理由もあって、多くのロングステイヤーが日本に戻っているとも聞いています。

また、バンコクに2つあった日本人ロングステイクラブも会員数が減った結果、1つが昨年解散になってしまったと記憶しています。

そういうこともあり、我々日本人投資家もこれからはこういうデジタルノマドもターゲットにして入居者募集をかけるべきだと思うのです。

特に彼らは必ずといっていいほどオンラインで部屋探しをするので、今後は日系だけでなく英語主体でビジネスをやっている欧米やタイの賃貸仲介会社にも積極的に入居者募集を依頼していくべきだと思います。

さらに最近は、ルーブルの安定もあって、ロシア人がパタヤやプーケットだけでなくバンコクにも戻ってきています。実際、私が知り合ったロシア人などは殆どが30台から40代前半のデジタルノ

〔図表 82　バンコクは新規でビジネスをスタートアップするのにベストな場所〕

〔図表 83　2018 年 2 月から施行されたスマートビザ制度〕

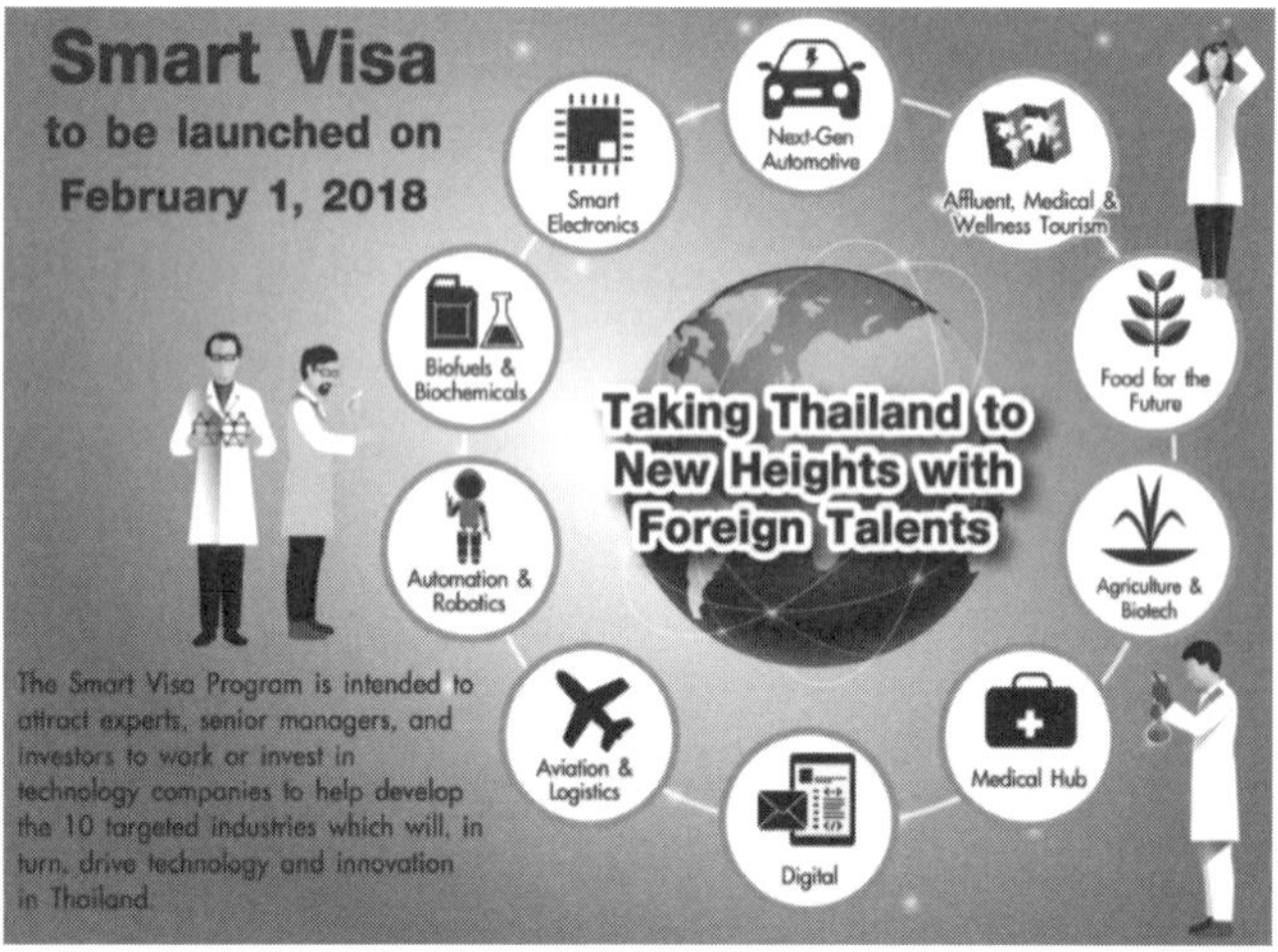

マド達でした。

ところで、日本人はエクスパットというと、企業の駐在員のことだと思っている人が多いのですが、それは違います。

正確には、エクスパトリエットといい、自国を離れて外国に住む人という意味なので、駐在員だけでなくバンコクに住むロングステイヤーや現地採用で働く人、そして、このデジタルノマドも含まれます。

そして、デジタルノマド達はほとんどがフリーランスで会社からの住宅手当などありません。だから家賃にはこだわりがあるし、車を持たず駅に近い便利なところに住もうとします。

それと、住居に近いところで仕事をすることが多くなるので、自分のコンドミニアム内か近くにコーワーキングスペースがあることが重要になってきます。

デジタルノマド達の月収

これは一例ですが、私の知っている38歳の日本人プログラマー、Ｅさんは、大阪の会社からプログラム開発の仕事を請け負っていて、日本で月収40万円から50万円をもらいながら、トンローソイ53の家賃３万バーツの１ベッドルームに１人で住んでいました。

筆者と同じく２０１１年の大洪水の直前にやってきたそうで、バンコクで6年間、デジタルノマドとして過ごした後、２０１７年に借りていた部屋を引き払い、日本に戻っていきました。送別会で理由を聞いたところ、結婚するのでしばらくは日本で働くということでした。

白人だけでなく、実はバンコクにはこういう日本人も結構多いのです。

そして彼らは日本の第一線で経験を積んだＩＴの専門職であったりするので、タイで現地採用で働く平均的な日本人より高収入である場合が多く、家賃３万バーツのところでも余裕で住めるわけです。

いずれにせよ、この位の収入を得ながらバンコクで暮らす日本人デジタルノマドには筆者もこれまで何人か会ったし、ロシア人達もその位もらっているようなことをいっていたので、多分、10万バーツから15万バーツがバンコクに来ていて何らかの専門性と経験を持つデジタルノマド達の平均的な月収ではないかと思うのです。

そして、彼らによれば、特にウエブデザイナー、イーコマース、ブロガー、ＳＥＡ等の仕事が長期間やれるので人気があるそうです。


白人のデジタルノマド達がタイを選んだ理由

ところで、タイに来ている白人のデジタルノマド達に、なぜこの国を選んだのかについて聞いたところ、次の返事だったという記事が載っていました。
①タイはアクセスが簡単（ビザ取得が容易、世界中からフライトがある等）
②速くてコンスタントにつながるインターネット環境

〔図表84　コンドミニアムのライブラリー兼コーワーキングスペース〕

③ヨーロッパとアメリカの中間にあるため、両大陸のビジネスアワーとオーバーラップするのでコミュニケーションが容易

④タイ人は外国人慣れしていて英語でコミュニケーションもでき、西洋の考え方が既に浸透している

さて、ここで話を不動産に戻すことにします。これは筆者自身の実感でもあるのですが、本国から遠く離れたバンコクでオンラインで仕事をするデジタルノマドは、特に白人が多く、これまでの話からもわかるようにその数も増加の一途です。

そして、不動産調査会社のＡＲＥＡ（Agency for Real Estate Affair）もその市場予測の中でいっているのですが、これからのコンドミニアムはコーワーキングスペース等の共用部施設の充実度がコンドミニアム選択の重要要素となってくるとの見方には、筆者も全く同感です。

実際、最近のハイライズコンドミニアムの場合、ほとんどが広々した空調完備のコーワーキングスペースやライブラリーを持っていて、WiFiも完備してあるのでそこで仕事をしているタイ人の姿もよく見かけます。

また、タイ人は会社で働くよりもフリーランスで自分のビジネスを始めたいと思う人が多くいて、今後、こういうゆったりした仕事場は高級コンドミニアムの必須施設になると思います。

6 プレビルドの錬金術、マリエッジバリューを狙え

客寄せ物件に掘り出し物

筆者が新規プロジェクトのプリセールで最初にチェックするのが、タイ語でラーカーラームトンと記載されている価格が一番安いユニットです。

日本だとXX百万円から、と書いてデベロッパーが割安感を煽る格安物件のことで、本来はプロジェクト全体の平均価格であるラーカーチャリアをチェックすべきなのですが、こういう客寄せ物件には時々思わぬ掘り出し物が隠れていることがあります。

例えば、間口が狭く奥行きの長いウナギの寝床型、しかも30㎡以下の狭小ユニットですが、デベロッパーが売りやすくするために無理にサイズを小さくして価格を抑えた結果、こういういびつな間取りが出てきます。

マリエッジバリュー

筆者は著書やブログで30㎡以下の狭小物件など買ってはいけない、と繰り返し書いているので矛盾しているように思えるかもしれませんが、それは違います。

プリセールはまだ更地の状態から始まるということを思い出してください。未着工段階なら構造壁などの重要な部分に影響しない間取り変更は簡単です。

したがって、筆者はプリセールでこういう格安物件を見つけると、隣り合わせで２ユニット買って全く別なユニットに変更することを考えます。

デベロッパーにとっても、１つより２つ一度に売れるほうが手間が省けるし、余程仕様を変えて建築費用が増えない限り、追加費用も発生しません。

ここでちょっと話は変わりますが、筆者は日系デベロッパーの駐在員としてロンドンで８年にわたり不動産開発をしていました。その頃、現地で使われていた業界用語にマリエッジバリューというのがあります。

隣り合う敷地を買い集めていく、つまり結婚させることでその価値が１＋１が２でなく３にも４にもなるという意味です。

日本での例としては、森ビルの六本木ヒルズがあります。何十年もかけて地道に周辺の土地を買い集めていった結果、中途半端な街であった六本木を人気のＣＢＤに変えてしまったわけですから大変なマリエッジバリューです。

〔図表 85　２つの狭いユニットを１つの広い１ベッドルームに変更〕

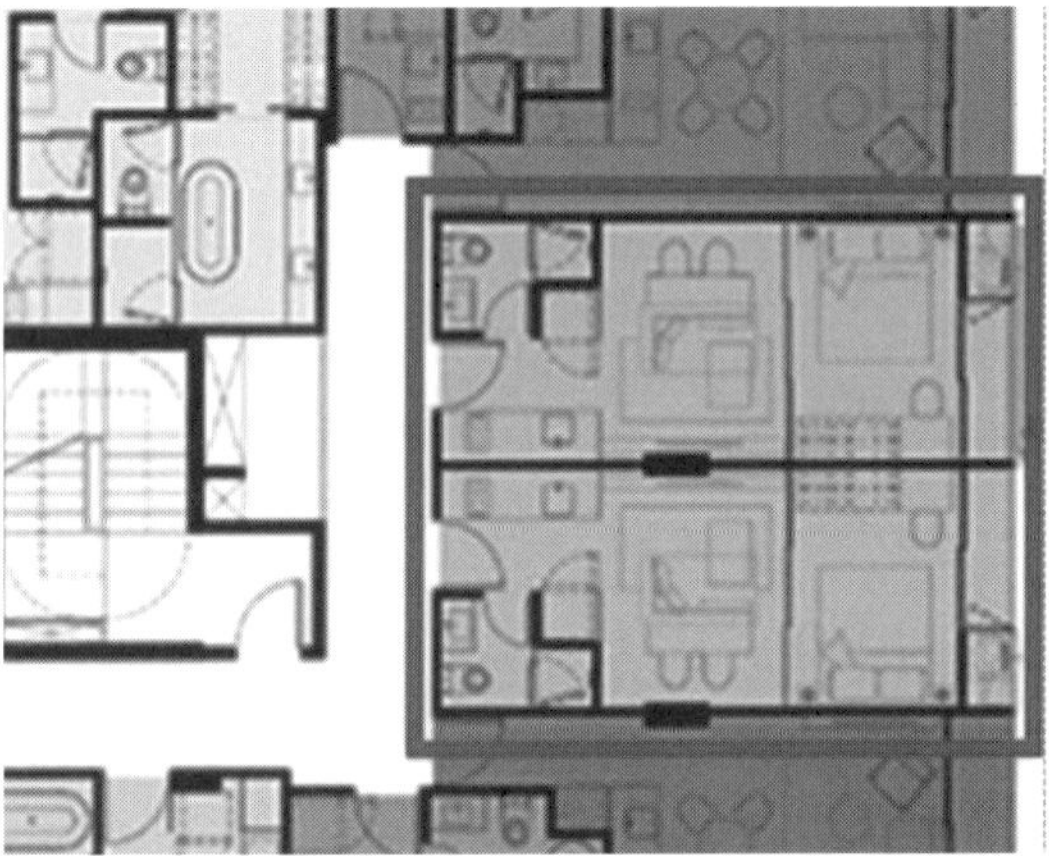

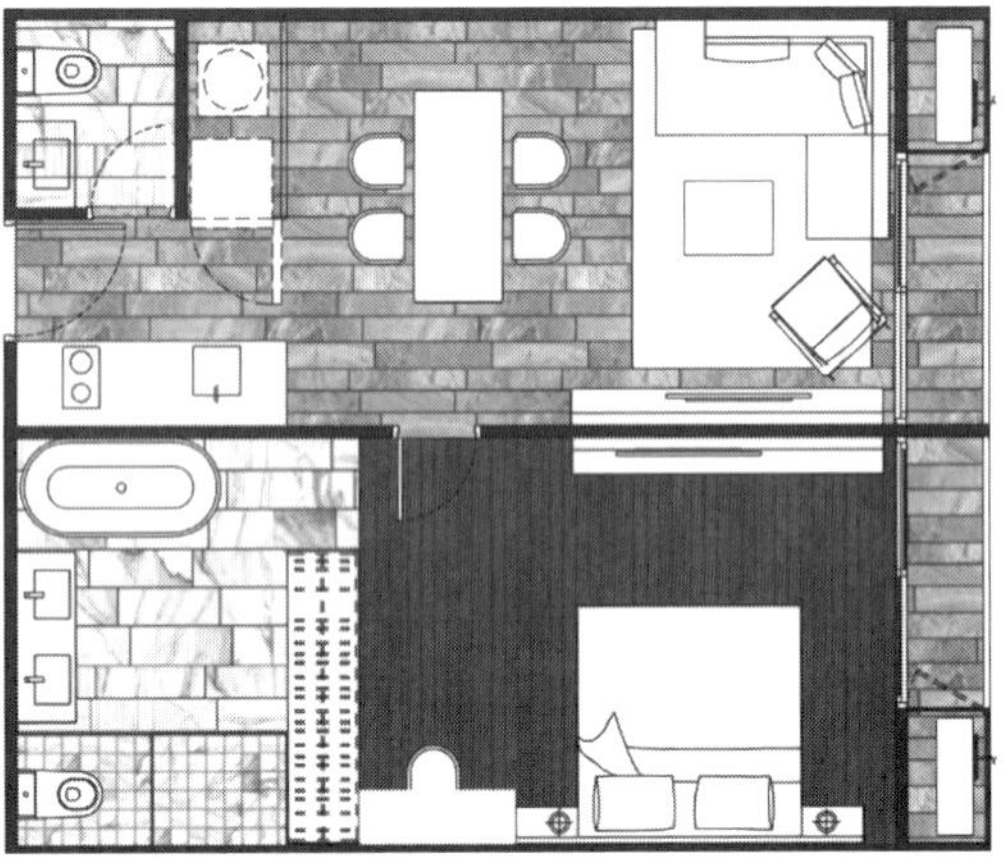

そして、コンドミニアムでも同じことができます。図表85の2つのの図面はプリセールで筆者が実際に買ったダウンタウンの投資物件ですが、見較べてください。

上の枠で囲った1ベッドルーム、27・5㎡、340万バーツ（123，600バーツ/㎡）が筆者の買った2つの物件ですが、使いにくそうな間取りのユニットです。

見ての通り、間口が狭く細長いので、ベッドルームの奥がリビングになっていて、中は暗く使い勝手が悪そうです。

そこでこの隣り合わせのユニットを2つ合わせたのが図表85の下の間取り図です。

すると、ベッドルームもリビングもそれぞれ3メートル以上の間口を持ち、しかも55㎡のほぼ正方形に近い機能的な間取りに変身しました。

そして、贅沢なツインの洗面台を持ち、バス、トイレ、シャワー別の広めのバスルームとキングサイズのベッドを置いてもまだ余裕のある寝室です。

55㎡ともなると、通常は1ベッドルームとしてはラグジュアリー級コンドミニアムにしかないゆとりの広さであり、現在、30㎡前後の1ベッドルームが供給過剰になる中、うまく差別化ができていることになります。

隣り合う1，200万円の魅力に乏しいユニットを2，400万円で2つ買って結婚させせただけで、魅力的な間取りの物件に変えてしまえるのがマリエッジバリューであり、プレビルドでしかできない簡単で効果的な不動産投資の錬金術でもあるのです。

7　プレビルド引渡し前の竣工検査

仕様が勝手に変更されていないかをチェック

プレビルドで投資物件を購入し、工事が終わって竣工引渡しを受ける前に、買主は竣工検査を行います。まずは、当初の仕様書やパンフレットに書かれてあるものと仕様が変更されてないか、グレードダウンがされてないかを買主はチェックすべきで、前著作でも書いたように、デベロッパーの一方的なグレードダウンが時々問題になります。

検査して、もし納得がいかないようなところがあれば、どんどんクレームをつけてください。8割近い残金決済の瀬戸際ということもあり、デベロッパーとしてもできるだけのことはしてくれます。まさに、この時が買主が一番立場の強いときでもあるのです。

施工状態のチェック

そして、施工状態のチェックですが、バンコクでは購入者自身が入念に検査をするというのも一般的です。

しかし、自分が検査をしている間、工事業者もついてきているので何時間もかけて入念に検査をするのは難しく、我々のような外国人の場合でしかもあまり経験のない人は、予算に余裕があれば

〔図表 86　竣工引渡し前の検査〕

チェック項目を熟知した図表87の広告のような専門業者に依頼することをおすすめします。

高額物件はプロに任せる

筆者の場合、いつも自分が買ったプレビルドの検査は自分自身でやりますが、日本に住む投資家の人で自分では竣工検査ができないということで、こちらの専門業者に依頼したことがあります。

そうすると、彼らは数人でやってきて短時間のうちにしっかりチェックしてくれるし、工事業者に修理箇所の説明や指図も的確にやってくれます。

素人ではわからないような隠れた瑕疵もしっかり拾って、それこそ部屋の中が図表88のような手直し指示のステッカーだらけになります。

筆者もそれを見て、高額物件を買うのであれば、やはりこういうプロに任せたほうが確実だと思ったものです。

〔図表 87　竣工検査請負の広告〕

〔図表 88　竣工検査請負業者の手直し指示〕

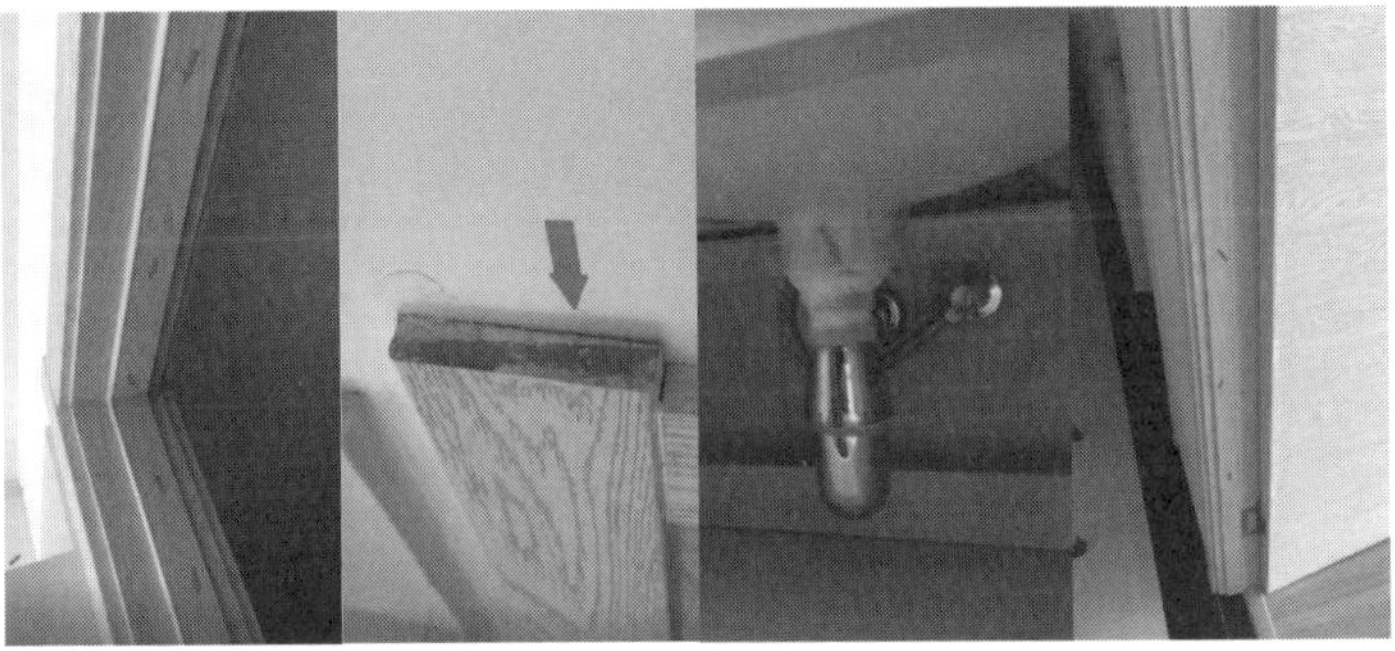

タイのコンドミニアム検査の３点セット

ところで余談ですが、タイにはコンドミニアム検査の３点セットというのがあって、バケツとピンポン玉と携帯の充電器です。

大体想像はつくと思いますが、バルコニーや洗面所、シャワールームの水回りの排水が非常に悪い物件がよくあります。これは無責任な工事業者が排水溝に建材の破片などを流し込んで詰まらせてしまったりしたものですが、とにかくバケツに水を一杯に入れて一度に流してもよどまず流れていくことを確認します。

ピンポン玉は、タイは日本のように畳やカーペット敷の部屋などなくセラミックタイルかフローリングなので、これで床面が水平になっていることをチェックします。筆者が知っているプロンポンの古い大型物件などは、共用部廊下を端から端まで何十メートルもピンポン玉が転がっていきますから、建物自体が傾いています。

最近はそんな物件はないと思いますが、各部屋のフロア工事で水平が取れてないことはよくあるので、やはりチェックは必要です。

最後の充電器については別にそれでなくてもいいのですが、すべての電気のコンセントに充電器を差し込んでパイロットランプが点くことをことを確認して通電チェックをします。

こんな最低限の基本チェックこそ、決済を済ませて入居してからではアフターサービスが悪いデベロッパーはなかなか直してくれずに苦労することになるので、自分で竣工検査をする場合は最低でも給排水、フロア水平、通電の3つはチェックしてください。

ちなみに、筆者はこれまでにも施主として仕事で何度もプロのモニタリングエンジニアと一緒に竣工引渡し検査に立ち会ってきたので、大体の要領はわかっているつもりです。

しかし、住宅の場合、そこで人が生活することになるので、窓のコーキングがしっかり打たれているか、空調室外機の振動や音が室内にもれてこないか、水道の蛇口を開けば十分な量の水流があり、そしてキッチンシンクの下から漏水してないか等、それまで商業ビルではあまり重要視してなかったようなことを細かくチェックしなければなりません。

第1章8項で書いたように、特にタイではデベロッパーに対するクレームが急増しているという現実の問題がある以上、新築物件の場合、残金決済をする前にできれば保険のつもりでプロの業者に竣工引渡し検査を依頼したほうがいいと思っています。

第6章

投資の「出口」戦略

RHYTHM Sukhumvit 42, エッカマイ
市場価格　１７万～１８万バーツ/㎡

1 ゲンガムライでハイリターンのエグジット

バンコクのプレビルド投資のチャンス

バンコクのプレビルド投資には大きく分けてチャンスが2度あります。

まず、地価や建設費用の急上昇で新規プロジェクトの売出価格が著しく上昇した場合、既存の中古物件価格だけでなく、その数年前に販売済でありながらまだ竣工引渡しが終わってない、正確には名義の変更登記が終わっていない物件の購入予約権にも含み益が出てきます。

それを転売して差益を享受することが最初のチャンスです。そして、竣工後に名義変更し、一定期間賃貸運用（イールドプレイ）した後に売却してエグジットするのが2度目のチャンスです。

ゲンガムライ

ここでは最初のチャンスを狙って短期で転売する方法、タイ語でいうゲンガムライについて解説します。

ゲンガムライとは、広義では投機的行為で利益を出すことですが、不動産業界では主にプレビルドの購入予約権を転売して儲けることをいいます。

実際には、バイジョーングと呼ばれる購入予約証やバイサンヤーと呼ばれる購入契約書を竣工引

〔図表89　投資戦略は中長期賃貸運用か短期転売か？〕

渡し前に譲渡して利益を実現するのですが、我々日本人投資家の場合も運よくそういうチャンスがあれば、売却して利益を確定するのも1つの選択肢です。

バンコクの大型プロジェクトの場合、竣工までに3～4年かかるものもあり、その間に運よく価格が急上昇することがあれば投資家は転売で利鞘を取れます。

しかし一方で、筆者は2011年の大洪水や2014年の反政府運動のときの市場動向を見てきましたが、バンコクではこういった投機的転売が目的の買いも多いだけに、突然の予期せぬ事態で不動産市場は瞬く間に冷え込んでしまい、狼狽したミドルクラスやアッパーミドルクラスが損切りしたり、最悪それまで払ったダウンペイメントを放棄して大損したりしていました。

考えようによっては、プレビルド投資は不動産投資でありながら自己資金の何倍もの取引ができる株の信用取引にも似ていますが、失敗すると投資した資金を全部失うことになります。

一方で、見習うべきは一部のタイ人富裕層です。資金力のある彼らはプリセールよりもっと条件のいいVIPセールで買えるというのもありますが、価格は高くても本当に価値あるCBDのプレビルドを選んで買います。

そして、竣工引渡しまでに転売できればそれでよし、できなければ中長期賃貸運用に切り替えるもよし、と最初から資金的な余裕を持って始めます。この場合は危ない投機でなく立派な投資です。

したがって、筆者も資金的な余裕があればゲンガムライを狙うこと自体は構わないと思うし、1度目のチャンスがなくても物件選択さえ間違ってなければ、中長期保有で2度目のチャンスで利益が出せると思っています。

さて、ここでゲンガムライのメリットについてまとめてみます。

① 比較的短期間で転売利益が出せる。

② 一度も土地局で自分名義で登記されないので税金がかからない。

③ 実質的にレバレジがかかっているので、リターンが大きい（都心部のプロジェクトでは物件価格の20％から25％がダウンペイメントであり、引渡しを受けるまでの数年間、LTP（購入価格に対する借入金比率）が75％から80％のノンリコース（非遡及型）ローンを使って高いレバレジをかけたのと同じ効果があり、しかも利息は0％なので、タイミングさえ合えばかなり高いリターンも期待できる）。

これをわかりやすいように例を挙げて説明します。

ダウンタウンで６００万バーツ（約２，０００万円の物件をプリセールで買ったとします。その後、購入価格の20％、１２０万バーツをダウンペイメントとして2年かけてデベロッパーに支払った後、この物件の市場価値が値上りしたので1割アップの６６０万バーツで売却したとします。

つまり、60万バーツのプレミアムで売れたということですが、２年で物件価格が1割上昇というのは十分あり得るし、ロケーションのよい人気プロジェクトでしかもレアユニットであれば、今でも決して珍しくありません。

一方で、投資家はエクイティ（自己資金）をまだ１２０万バーツしか払ってないので、ＲＯＥ（Return on Equity）は50％という効率の高い投資になります。

なお、短期投資の場合、ＩＲＲ（内部収益率）は見かけ上非常に大きな数字になってしまい、あまり意味がありません。こういう場合、機関投資家はエクイティ・マルティプルといって自己資金が何倍になったかで投資のリターンを見るのですが、その場合でも、2年の投資でマルティプル1・5というのは決して悪くないリターンです。

ゲンガムライのベストタイミング

竣工物件の場合、購入希望者は施工の良し悪し、共用部の充実度、部屋からの眺望、通風、日照等を自分の目で詳細に確認できるという利点があります。

しかも自宅として購入するタイ人の場合、非常に新築志向が強いのですが、誰も住んだことがなく、名義変更の登記もされてない物件は当然まだ新築です。

さらに、新築の場合、住宅ローンの評価額が中古に比べて高くなったり、金利も安くなります。すなわち、ゲンガムライで最も高く売れて利益を最大化できるのは、実は竣工後でもあるのです。したがって、これはケースバイケースではありますが、賃貸運用をする気がなく、転売が最初からの目的であれば、デベロッパーと交渉して竣工後も引渡しを半年ぐらい待ってもらう例もあります。もっとも、これはデベロッパーにとってこれまでにも何度か物件を買ってくれたようなＶＩＰ待遇のタイ人顧客の場合が普通ですが…。

しかし、我々のような外国人であっても、資金力さえあればデベロッパーに残金を完済した後も、名義変更をしばらく保留してもらい、その間に新築未入居の状態で転売するというテクニックもあるので、この辺はデベロッパーとの交渉次第です。

2　「出口」決定の判断に重要なＩＲＲ（内部収益率）

内部収益率とは

ＩＲＲのことをウイキペディアで調べると、「内部収益率（ないぶしゅうえきりつ、Internal Rate of Return、ＩＲＲ）法とは、投資によって得られると見込まれる利回りと、本来得るべき利回りを比較し、その大小により判断する手法のこと。また、ＩＲＲとは投資プロジェクトの正味現在価値（ＮＰＶ）がゼロとなる割引率のことをいう」という説明があります。

非常にわかりにくい説明で、正直、筆者もこれを読んでもなかなかピンときません。しかしながら、毎年違う賃料収入と売却したときの売却代金の２つの素性の違うキャッシュフローが入ってくる不動産投資においては、このＩＲＲは避けては通れない重要な指標です。

しかし、そんなに難しく考えることはありません。昔、筆者などはＨＰの特別な投資計算用ポケットコンピュータを使ったり、それが手元にないときは帰納法を使って長い時間をかけて手計算でＩＲＲを算出していたものですが、パソコンのＣＰＵが格段に進歩した今は、エクセルが瞬時に計算してくれます。したがって、ＩＲＲとは大体どんなものかだけわかれば十分なので、ここで簡単に解説していこうと思います。

まず、ここに利息が年率10％で5年満期の定期預金が2種類あるとします。1つは毎年年末になると10％の利息を支払ってくれます。そして、もう1つは利息支払いはなく、毎年元本として再投資され、５年後に元利金が一括で支払われます。

最初に１００万円ずつそれぞれの定期預金で運用したと想定し、それをキャッシュフローに表したのが図表90です。

もうお気づきかもしれませんが、どちらの場合もＩＲＲは10％になります。つまり、投資している元本に対して何％で運用できたかを表すのがＩＲＲなのです。

一旦、支払利息として払い出されたものはもう利回り計算の対象にならないので、毎年利払型の

〔図表 90　定期預金の複合利回り〕

年間利息10%の5年もの定期預金の複合利回り　（単位：万円）

利息支払方法	初期投資	1年後	2年後	3年後	4年後	5年後
毎年支払型	-100	10	10	10	10	110
5年後元利金支払型	-100	0	0	0	0	161.051
複合利回り	-200	10	10	10	10	271.051

〔図表 91　ＩＲＲ計算のケーススタディ〕

	2009	2010	2011	2012	2013	2014	2015	2016	2017	2018
ブッキングフィー	-50,000									
契約料	-127,500									
ダウンペイメント		-600,000	-600,000							
残金決済				-4,132,500						
受取賃料					410,000	410,000	410,000	410,000	410,000	410,000
管理費					-30,000	-30,000	-30,000	-30,000	-30,000	-30,000
売却代金										9,764,000
税金				-55,100						-468,820
エージェントフィー										-292,920
キャッシュフロー	-177,500	-600,000	-600,000	-4,187,600	380,000	380,000	380,000	380,000	380,000	9,382,260

家賃設定は800バーツ/㎡：41,112バーツ
想定賃料収入：41,000/月
Vacancy Allowance（空室引当）：2カ月
年間賃料収入：410,000（10か月分）

売却価格：190,000/㎡x51.39㎡＝9,764,000（Selling CAP: 5.04%）
売却費用の内訳：　税金が468,820
売主エージェントフィーが3%

IRR:　12.85%

〔図表 92　ＩＲＲは重要な判断指標〕

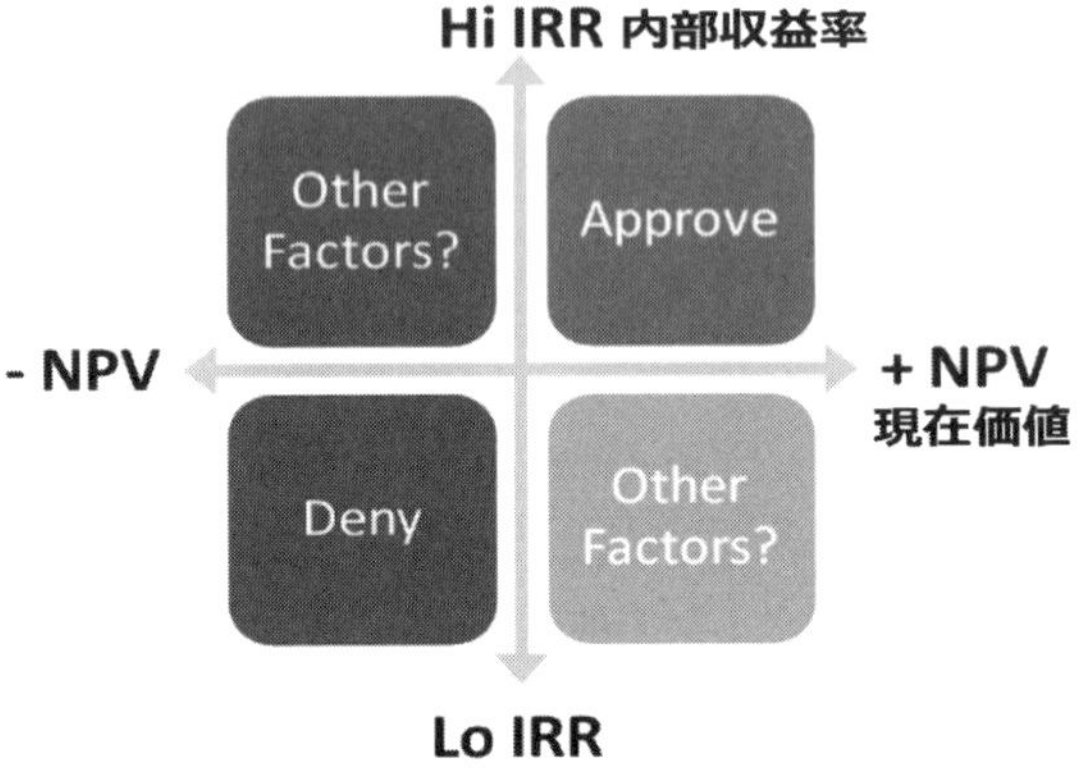

定期預金の場合、毎年年初の投資元本は１００万円であり、これが毎年10％の利息を生み続けたわけです。

そして、もう一方の再投資型は毎年10万円の利息が元本として再投資されるので投資元本が増加していき、それに対して毎年10％の利息が発生するといういわゆる複利計算です。

アインシュタインが「人類最大の発明」と呼んで称賛したのがこの複利計算法なのですが、自分で勝手に雪だるま式に投資元本が増えていくことの効率の良さを指しています。

しかし、いずれの場合も、投資元本に対しては毎年10％のリターンで回っているのでＩＲＲは同じ10％です。

ではなぜ、ＩＲＲが不動産投資に適した利回り指標なのか。不動産の場合、賃料収入を受け取るだけでなく、エグジットした際にキャピタルゲインも取れるという複合利益が発生します。つまり、この2つの定期預金が複合したような投資になり、それがこの表一番下の複合利回りなのです。ただし、不動産投資が定期預金と違うところは、不動産は空室になったり更新時の家賃交渉等で賃料収入が増減するので、毎年キャッシュフローが変わります。

そして、最後の「出口」で物件の売却代金を受け取って投資の終了となるわけですが、ＩＲＲはこれらすべてのキャッシュフローを取り込んだ上で、最終的に投資家の投資元本（エクイティ）が何パーセントのリターンで回ったのかを計算できるから不動産投資にとって非常に有効な投資指標なのです。

大まかにいえば、まず最初に購入した資金が投資元本になり、毎年賃料収入が変動しながら入金され、最後に「出口」のエグジットで売却代金を受取って投資を回収するという3種類のキャッシュの動きがあることになります。

しかし、これを別々にとらえて売値から買値を引いたのがキャピタルゲインで、購入金額に対する賃料収入が賃貸利回りというように分けて考えると、全体でその投資は年率いくらで儲かったのかわからなくなります。

極端な話、毎年5％の賃料収入があったけど、売却では不動産市場の悪化で購入価格から2割の損切りを余儀なくされたといった場合、全体の投資リターンの計算はＩＲＲでしかできなくなります。

ＩＲＲは不動産売却を決定する判断基準になる

そこでＩＲＲの出番となるのですが、ＩＲＲは投資家が不動産の「出口」でエグジットし投資資金を回収するかどうかを決定する判断基準にもなります。

つまり、これまで受け取った賃料収入と今売った場合の売却代金のキャッシュフローが全体では投資元本に対して何％で回ったことになるかによって、投資家は売却すべきかどうかを決めることができるのです。

なお、このＩＲＲは将来の総合キャッシュフローを投資元本に戻すためのディスカウントレートでもあります。つまり、将来のキャッシュフローの価値を正味現在価値（ＮＰＶ）に巻き戻すのに必要な割引率ということになり、これは物件を買うときに購入価格を決定するのに必要な重要指針でもあります。

ではここで、例を挙げて解説してみます。

第2章４項「進行するキャップ・コンプレッション」の中で紹介したプロンポンにあるノーブル・リファインを例に想定キャッシュフローを作成し、そのＩＲＲを計算してみたのが図表91です。

この前提条件は、２００９年のプリセールで51・３９㎡の１ベッドルームを５５１万バーツで買うことにし、当初のブッキングフィーと契約料で１７７，５００バーツ払ったところから投資がスタートします。その後、２年かけてダウンペイメントを60万バーツ/年ずつ１２０万バーツ払い、２０１２年に残金の４，１３２，５００バーツを支払って竣工引渡しを受けます。つまり、最初の２年間は投資元本（エクイティ）が出ていくばかりの期間です。

そして、所有権が移転登記され賃貸開始となったところからリターンが始まりますが、設定家賃を８００バーツ/㎡、空室リスクについては現地のコンサルタントがよくやるように毎年２か月を空室引当とした結果、賃料収入は41万バーツ/年としました。

そして、２０１８年に19万バーツ/㎡で売却エグジットしたと想定し、売主エージェントフィーの３％に諸税（税金については次項で算出した税額の４６８，８２０バーツを使用）を差し引いたネットのキャッシュフローを使っています。

この結果、ＩＲＲは12・８５％となったのがわかりますが、レバレジをかけずにフルエクイティ（全額自己資金）で投資しなければならないバンコクの不動産投資の場合、10％を超すＩＲＲを実現できればかなり高いリターンが出ていると思います。

ちなみに、筆者が前職でやっていた投資銀行のオポチュニティファンドなどは、物件価値の8割以上のローンを借りてハイレバレジをかけていたにもかかわらず、目標ＩＲＲである20％以上の利回り達成はアセットマネジャーとしてそう簡単ではなかったので、個人のフルエクイティ投資でＩＲＲが10％以上取れればまず合格だろうと考えています。

したがって、筆者自身はＩＲＲ10％以上を売却決定の重要クライテリアの1つとしていいのではないかとも考えていますが、実際の売却決定には物件の古さやロケーションの将来性、そのときの市場動向も考慮すべきであり、ＩＲＲだけで決めるのは間違いです。

ただし、ダウンペイメントが20％から25％でやれるプレビルド投資というのは、竣工するまでの数年間、実質的に金利ゼロで8割ものハイレバレジをかけたのと同じ効果があり、その分リスクはあるものの、市場が右肩上りで物件選択さえ間違わなければ、ハイリターンが取れる可能性も高いということでもあります。

3　短期譲渡所得税に相当する特定事業税は5年でゼロ

タイの不動産売買に伴う税金

タイの場合、外国人の不動産売却に関する課税方法は驚くほどシンプルです。

建物の減価償却がなく、また、タックスベーシスとなる取得費という考え方もないし、そもそも譲渡益に対して課税するという仕組みになっていません。

すなわち、キャピタルゲインに課税するのでなく売却したら一律課税するので、キャピタルロスであっても税金を払わなければならないという怖い面もあります。もっとも、納税をシアパーシーといってお金の無駄と考える人が多いこの国では、あまり複雑な税法をつくっても仕方がないのかもしれませんが…。

簡単な税金の計算方法

日本では5年以内の短期譲渡所得に対して39％（5年を超える長期に対しては20％）の課税です。例えば、５００万バーツで3年前に買ったコンドミニアムを７００万バーツで売却したとすると、取得費を下げて譲渡所得を増やすことになる減価償却を無視してもゲインは２００万バーツだから日本なら少なくとも約80万バーツの課税になります。

一方、タイでは日本のそれに相当するのが特定事業税といって売却価格の３・３％です。つまり、約23万バーツということになり、日本のほうが相当重税なのが分かります。

ではここで、筆者がよく使う計算ソフトでシミュレーションしてみます。ただし、正確な納税額が知りたければ税の専門家にチェックしてもらってください。

〔図表 93　コンドミニアムを売却した際の税金計算〕

Taxation Simulation

売却価格	9,764,000		
政府評価額	8,000,000		
移転登記	2012年9月		
売却	2016年9月	2017年9月	2018年9月
外国人	Yes		
コンドミニアム	Yes		
投資期間	4年で売却	5年で売却	6年で売却
移転税	160,000	160,000	160,000
特定事業税	322,212	0	0
印紙税	0	48,820	48,820
源泉徴収税	220,000	240,000	260,000
税金合計	702,212	448,820	468,820

注：特定事業税の期間計算は必ずしも丸5年である必要はない

税金だけで見れば運用期間5年で売却するのがベスト

　このシミュレーションにあるように、タイでは5年未満で売却した場合、3・3％の特定事業税がかかるので最も効率が悪いのがわかります。しかし一方で、6年、7年と保有期間が長くなるにつれて若干ですが今度は源泉税が増加してきます。その結果、5年で売却するのが最も節税効果が高いことがわかります。

　さらに、第4章4項でも書いたように、イールドプレイ目的の投資の場合、割安感の大きい築浅中古物件への投資のほうが賃貸利回りが高くなりますが、一方で、タイのコンドミニアムは経年劣化が速いので築10年程度で売るのがベストでもあります。

　したがって、築3年程度の物件を買って5年後の築8年でエグジットするという「出口」戦略を頭に描いておくと、市場流通性の面でも極めて有効だということになります。ただし、節税が目的で不動産投資をするのでない以上、税金のことにあまり拘ると本末転倒になり、エグジットのチャンスを逃してしまうということも覚えておいてください。

４　１，０００万バーツ以上の物件は「出口」が狭い

外国人投資家は４００万から８００万バーツの予算がボリュームゾーン

今、香港、シンガポール、台湾、そして急増する中国等の外国人投資家が最も多く買っているのが４００万から８００万バーツの１ベッドルームから２ベッドルームです。一方、購買力があり市場規模も大きいタイ人アッパーミドルクラスが将来買い上がってくるのが４００万から６００万バーツの価格帯です。

したがって、海外と国内、投資と実需の両方から今後も買いが続く可能性の高いこの４００万から６００万バーツの価格帯、すなわちアッパークラスからハイクラスのセグメントで希少価値のある投資物件を狙うのが最も「出口」戦略が立てやすいと筆者は考えています。

デベロッパーのサンシリが過去数年間で海外に住む外国人に販売した新築コンドミニアムのデータを、その子会社の不動産エージェントであるプラスプロパティが分析したところ、図表95のような結果が出ました。

まず、外国人といってもアジア人のシェアが83％と圧倒的に大きいのがわかります。バンコクの街にはたくさんの白人が住んでいるのですが、彼らは賃貸物件を借りるのでテナント対象としては

〔図表 94　ボリュームゾーンのセグメンテーション〕

2018セグメンテーション表				
セグメンテーション	平米単価	最低ユニット価格	広さ	ロケーション
スーパーラグジュアリー	300,000 <	2,000万バーツ	60㎡以上	CBDメインロード
ラグジュアリー	200,000 ～ 300,000	1,000万バーツ	45㎡以上	CBDソイを含む
ハイクラス	150,000 ～ 200,000	500万バーツ	35㎡以上	ダウンタウン、フリンジ
アッパークラス	100,000 ～ 150,000	300万バーツ	30㎡以上	フリンジ、ミッドタウン
メインクラス	70,000 ～ 100,000			ミッドタウン
エントリークラス	< 70,000			サブアーバン

〔図表 95　外国人投資家購入内訳〕

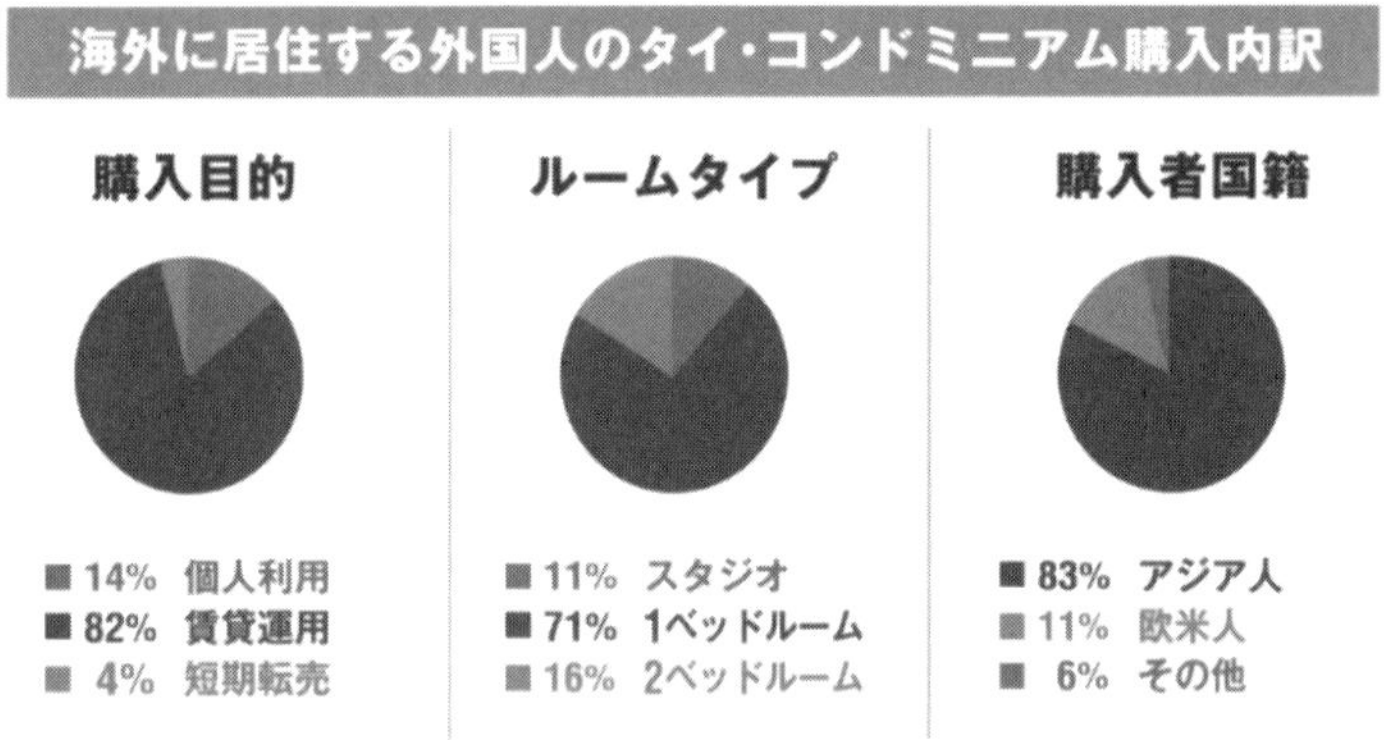

大きなマーケットですが、だからといって外国にいる欧米人でタイで不動産投資をしようという人はほとんどいないということです。

次に購入目的ですが、82％は賃貸運用目的の中長期投資であり、投機的な短期転売目的は４％と圧倒的に少ないことがわかります。

やはり、バンコクに住んでいるのならまだしも、海外に住みながら短期転売などというリスクがあり難しい投資よりは、時間をかけてレントインカムとキャピタルゲインの両方を狙う順当な投資を考えている人がほとんどだということなのです。

さらに、購入した物件のタイプ別では、１ベッドルーム（71％）、２ベッドルーム（16％）、スタジオ（11％）と続き、最も人気のある価格帯は４００万〜６００万バーツ（約1，４００万円〜2，１００万円）が55％、続いて６００万〜８００万バーツ（約2，１００万円〜2，８００万円）が35％と、４００万から８００万バーツの価格帯で90％を占めているのです。

これについては、同業のＣＢＲＥも５００万から1，０００万バーツの物件が外国人投資家に最も人気があるとコメントしているので大きな矛盾はありません。

さらに、中国人投資家の場合は予算がやや低く、３００万から５００万バーツに集中しているとの報告も出ています。

４００万から６００万バーツの物件で分散投資

したがって、現地の新聞などを読んでいると、外国人は高額なラグジュアリー級以上の物件ばかり買っているような印象を受けますが、実態は４００万から６００万バーツの物件が過半数と最も投資需要があり、我々と同じような普通の個人投資家が主体であるということなのです。

ただし、スタジオや1ベッドルームに投資している外国人投資家が82％と多く、このマーケットは供給過剰により今後入居者募集で苦戦する可能性があり、物件選びには細心の注意が必要です。まずスタジオ（日本のワンルーム）は避け、1ベッドルームでも広いユニット、できれば40㎡ぐらいある物件に投資すべきだと筆者は考えます。

いずれにせよ、1，０００万バーツ（約3，５００万円）を超えると外国人投資家はあまりいなくなり、最近のスーパーラグジュアリーの新築プロジェクトなどがそうですが、主にタイ人富裕層がセカンドホームとして自己使用しながら、キャピタルゲインを狙う目的で購入するケースが多いとの報告がされています。

すなわち、このセグメントではマーケットプレイヤーの数が限られていることから、将来「出口」でなかなか買主が見つからないリスクがあると思うのです。

すなわち、普通の個人投資家が「出口」でエグジットすることを考えた場合、たとえ1，000万バーツの予算があったとしても400万から600万バーツ（1，400万円から2，100万円）の物件を2つ買ってできるだけ投資分散する方がリスク緩和できると思うのです。

例えば、これを賃貸して5年位保有した後でエグジットすることを考えた場合、うまく3割〜4割値上りしたとしてもせいぜい800万バーツ程度であり、換金流動性という意味でも「出口」リスクを緩和することができると思うし、実際、筆者もそうやってこれまで複数物件に分散投資をしてきています。

5　エージェントを使うなら灯台下暗し

どうエグジットするのが効率がいいか

築浅物件を購入し5年程度の賃貸運用によるイールドプレイを終えた頃、特定事業税もかからなくなり、建物の劣化がはっきりしてくる築10年に届く前にそろそろ資産の入れ替え、もしくは投資資金の回収という「出口」のタイミングを迎えることになります。

では、どうやってエグジットするのが効率がいいのか。最初に投資物件を購入するときは言葉の問題、物件選択方法、タイの取引形態や商習慣がわからないので日系業者を通して購入する人は多いと思いますが、売却するときにもそれでうまくいくのかというと、それは違います。

というのも、これは当り前の話でもあるのですが、日系業者はほとんどタイ人の個人顧客を持っていません。日本人の購入希望者を集客できるのが日系業者の強みなので、日系業者はザ・エージェントとかシティスマート、プラスプロパティ等のローカルエージェントから物件調達をするのがほとんどだと思います。

しかし、日系業者がローカルエージェントから物件情報を取って日本人顧客に紹介し、運よく成約できた場合でも、普通はせいぜい1・5％のコミッションを売主側エージェントからコーエージェントフィーとして受け取れるだけです。

これでは成約件数がローカルエージェントに比べると圧倒的に少ない日系エージェントでは、ビジネスとして成り立たないので買主からも３％のフィーを取るわけです。

しかし、反対に日本人が売却する場合、日系業者は売主から３％のコミッションをもらえても、この場合は売物件が１つに限定されるため、それをさらに日本人顧客に買ってもらえるという確率は極めて低く、結局、タイのローカルエージェントとコミッションをシェアして買主を見つけてもらうことになります。

その場合、売主から5％ぐらいもらわなければ、手元に残るコミッションはごくわずかでこれもビジネスとして旨みがなく、それほど積極的にやるインセンティブに欠けることになります。

そんな事情がわかってきたら、物件売却に関しては日系業者だけに依存するのでは不十分ということになり、やはりタイの業者の力も借りるほうが効率がいいことになります。

どういうタイ業者に依頼するか

では、タイの業者ならどういうところに依頼すればいいのか。あちこちの大手エージェントに連絡して売却を依頼するのも手ですが、筆者はその物件を熟知していて見込客にすぐに案内できるという意味でも、自分の物件のロビーでデスクを構えている館内エージェントや、管理会社（ジュリスティック）がそういうサービスをしていれば、絶対に外せないと考えています。

第7章では筆者が実際に自分の保有する物件を売却した事例を書きましたが、筆者の場合も管理組合（オーナーズコミッティ）の承認を得てロビーでデスクを置いている不動産エージェントが見つけてきたタイ人購入者に売却することができました。

また、筆者のクライアントでプロンポンで1，000万バーツ以上もする2ベッドルームを持つ日本人オーナーの場合も、そこの管理会社が買主を見つけてきました。やはり、一番役に立つのは自分の売ろうとする物件のことを一番よく知っている彼らであり、まさに灯台下暗しなのです。

〔図表96　バンコクと日本の不動産売買の環境の違い〕

①　バンコクでは日本のように周辺地域の不動産をまとめて扱う売買や賃貸仲介の駅前不動産屋、道路に面した１階の店舗、いわゆる路面店舗がない
②　店舗を持たないので、物件広告や集客はネットが中心
③　路面店舗の代わりに、バンコクレジデンスのような大手の不動産エージェントは大型コンドミニアムのロビーにデスクを置かせてもらって館内エージェントとして営業する
④　館内エージェントがいない場合は、管理事務所が売買や賃貸の付加サービスをしてくれる場合が多い
⑤　ネット広告には実際に物件が存在してない囮広告が多数あることをタイ人購入希望者も知っているので、自分から興味のあるエリアのコンドミニアムに出向き、ロビーのエージェントデスクや管理会社にその場で物件を見せてもらう飛込み客が多い
⑥　タイ人購入者も中古コンドミニアムの場合、管理が重要であることを知っているので、自分の目で確認するだけでなく、管理会社にインタビューしたりして管理の良し悪しを判断する

バンコクと日本の不動産売買の環境の違い

ところで、バンコクと日本では不動産売買の環境が図表96にまとめたように著しく違うので、まずそれを理解しておくべきです。

これらを補足説明しておくと、まず③の館内エージェントについてですが、これはバンコクの大型コンドミニアムにはホテルのような広いロビーがあるというメリットを生かしたシステムです。

筆者が以前住んでいたコンドミニアムがそうだったのですが、筆者の知る限り、不動産エージェントは管理組合と交渉しロビーの一角にエージェントデスクを無料で出させてもらう代わりに、成約した場合はそのコミッションから一定の割合を管理組合に拠出することになっていて、そのコンドミニアムのオーナー全体にとってもプラスになります。

また、バンコクのハイライズコンドミニアムの場合、５００ユニットとか１，０００ユニットの大型物件が多く、貸したい、売りたいというオーナー達からの需要が常にあります。そこで、ロビーでデスクを構えるエージェントがいれば、オーナーも簡単に鍵を預けていけるのでこのシステムは好都合です。

一方、エージェント側にしてみても、高い家賃を払って路面店を持つより物件のすぐ下にあるロビーで館内エージェントデスクを持つほうが理にかなっているわけです。

次に⑤についてですが、第7章で書きましたが、筆者の場合も飛込み客に賃貸し、飛込み客に売却したのですが、日本ではこんな部屋の探し方や物件売買はほとんどなく、想像もつかないのではないかと思います。

日本の場合は宅建免許を持つ仲介業者に頼ったほうが安全だという考え方であり、それはそれで正しいのですが、タイでは自分を守ってくれる宅建業法などないので、入居希望者や購入希望者は自分で率先して行動するのです。

さて、そこで⑥になるのですが、タイ人も築10年にもなる中古物件の場合、その資産価値は管理状態で決まるといっていいほど管理が重要なのを知っています。

したがって、自分の目で共用部等の管理状態をチェックするだけでなく、館内エージェントや管理事務所にこれまでの修繕履歴や今後の予防修繕計画、近いうちに大規模修繕の一時金支払いが発生するのか、民泊禁止が徹底しているか等を確認して、管理の厳格さや質の高さをを判断します。

第7章

１ベッドルーム投資顛末記

Q House Sukhumvit 79, オンヌット
市場価格　１４万～１５万バーツ/㎡

２０１７年４月、筆者がバンコクで２００９年に投資したコンドミニアムの売却を終えたので、ここではその一部始終を書いてみようと思います。

筆者にとってもこの物件がバンコクで最初の投資であり、試行錯誤の繰り返しで終わってみれば反省点だらけなのですが、これからバンコクで不動産投資をしてみようという読者には有益だと思うからです。

コンドミニアムのような集合住宅の1ユニットだけを買う場合、細かい取引の実務や現場のことは、個人投資家の経験談が参考になることが多いと思うのですが、残念ながら、バンコクの不動産投資で「入口」、「運用」、「出口」という一連のプロセスを完結した体験記というのはほとんど見当りません。

そこで、筆者の失敗談や個人的な考えを含め、この最終章では投資顛末記を書いてみることにしました。

投資の「入口」

さて、筆者は仕事等で何回か来ている内にバンコクの街が好きになり、２００８年から投資物件を探し始めました。あれこれネットで物件情報を調べたり、現地の不動産屋に連絡してバンコクを訪れるたびにいくつか物件を見て歩きました。

当時はまだタイ語は読めなかったので、まず現地の英字新聞のデジタル版等で自分なりにマーケットの特性を調べた結果、バンコクでは日本と違って極端な職住接近、つまりＣＢＤ（中心部ビジネス街）のコンドミニアムに人気があることがわかりました。

いくら職住接近とはいえ、東京のＣＢＤである丸の内や大手町に住みたいと思う人はあまりいませんが、バンコクに住むタイ人の間では通勤に便利なオフィス街のアソークやシーロム周辺に人気があるということです。

これも世界的に悪名高い大渋滞で、今でも片道通勤時間がバスで2時間などというのが当たり前の街だからこそ、タイ人は職住接近にこだわるようになったのだと思います。

それと、日本人が住むエリアは限られていて、スクムビット通りのアソーク駅からエッカマイ駅の間に集中するということもわかってきました。

ただ、筆者が自ら高級住宅地といわれるプロンポンのソイ39やトンロー通りを歩いてみても、当時は正直、何がそんなにいいのかよくわからず、それに比べればＣＢＤそのものであるアソークのほうが単純でわかりやすかったこともあり、最終的にアソーク通りで投資物件を探すことに決めました。

しかし、後にバンコクに住むようになってから、これがやや選択ミスで、実際は日本人が多く住むのはむしろアソーク通りより隣のソイ２３だとわかるのですが、最初は試行錯誤をするわけですから誰でもそんなものです。

物件選定

さて、ここで話を戻しますが、筆者にとってタイでの不動産投資は初めてということもあり、コンドミニアム市場の動向もよくわからないので、まずは大怪我しないようにと予算1，000万円で築浅中古物件を探していきました。

その後、バンコクに住み始めて市場の特性がわかるようになってからは500万バーツから600万バーツの投資サイズをクライテリアとしていくつか物件を買ってきていますが、最初は何もわからないのでまずはリスク軽減が最優先です。

それに、当時は為替レートがまだ1バーツが2・8円前後、つまり1万円で約3，600バーツに交換できたので、今に比べれば円高でした。さらに不動産価格全体が今よりかなり安かったことから、360万バーツくらいの予算でもCBDの築浅中古で40㎡くらいのものがあちこちにあり、当時、BTSの終点駅であったオンヌットなどは、駅前の新築でも8万バーツ/㎡台でしたから、今の新築価格のほぼ半額といったところでした。

そこでやっとこれならよさそうだと見つけたのが、アソーク通りにあるスカイトレインのBTSと地下鉄MRTの両方の駅から徒歩7、8分のところにある32階建てのグランドパークビューという物件で、当時築3年のまだきれいなコンドミニアムでした。

この建物の中で同時期に売りに出ていた1ベッドルームを全部で5ユニットほど見て回ったところ、アスキングプライスの幅は階数や内装によって違い、300万バーツから340万バーツといっ

〔図表97　グランドパークビュー〕

คอนโด แกรนด์ พาร์ค วิว อโศก Grand Parkview Asoke

たところでした。

予算からいって筆者がターゲットにしていたのは1ベッドルームですが、グランドパークビューのそれは専有面積が36㎡、大体リビングが6畳、寝室が5畳、キッチンが2畳というもので、日本でいえばコンパクトマンションのカテゴリーに入ります。それに、バスルームには日本人受けするバスタブもあったのでまあまあ気に入りました。

そこで、当初のプリセール価格をネットで調べたところ、平均250万バーツ前後であったことがわかりましたが、築3年で売主のキャピタルゲインが2割から3割位はあってもおかしくはないだろうと納得し、購入を決めました。

デベロッパーはルンピニーで、外壁コンクリートの厚さが10センチほどしかないところや、コンクリートの打ち方が下手で戸境壁の壁が平らになっていなかったり、コンクリートの継ぎ目のところで一部ジャンカらしきものが出ていたりと、正直施工自体はあまり良くはありませんでした。

それに、天井高が2メートル55センチしかなく、使っている建材もキッチン天板がメラミンであったりフローリング材もベニヤ板のようなラミネート板であったりと、スペックやクオリティでもちょっとマイナスでした。

今なら、これがいわゆるルンピニー仕様で、それだからプリセール価格も250万バーツに抑えられたのだとわかりますが、当時は何も知らず、タイの建築工事レベルはこんなものかと思った次第です。

しかし、それよりもアソークというビジネス街にあり、しかも2つの有名な学校まで徒歩数分というロケーションの良さがこのプロジェクトのセールスポイントだと思ったので、施工精度やクオリティにはあまり気を留めませんでした。

「不動産は最後はロケーションがものを言う」というのが筆者の基本の考えですが、タイ語でも「タムレ・サムカン・ティースット」（ロケーションが最も重要）と不動産業界の人はいうので、ロケーションファーストの考え方はタイでも同じです。

それに、後にランドアンドハウスのザ・ルーム、シンハーのザ・エッセといった大手デベロッパーの注目プロジェクトがすぐ隣で開発されたことからも、少なくとも筆者のロケーション選択は間違ってなかったと思っています。

そして最終的に、5つのユニットを見た中から内装に一番お金をかけていた20階の340万バーツの部屋に絞って値引交渉を入れ、10万バーツの値引きをもらって３３０万バーツで買うことができました。つまり、９２，０００バーツ/㎡、当時の為替レートで日本円で約９２０万円で買えたことになります。

希少価値のある物件を買う

ところで、これは中古物件を買う人に今もアドバイスすることですが、いくつかある中から選べるのなら、内装にお金をかけた物件のほうが賃貸しやすく空室リスクを軽減できるし、売却するときも有利なので、向きや階数、眺望が同等であれば、重箱の隅をつつくようにわずかな価格差や割安感にこだわるより、一番内装のグレードの高いものを選ぶほうが結局得をします。もっとも、自分で手間と時間をかけて大規模なリノベーションをしてすべてを一新するというのなら話は別ですが…。

また同様に、プレビルドで新築コンドミニアムを買う際にも同じことがいえ、少しぐらい割高であっても高層階で通風や採光、特に眺望にすぐれた角部屋等の希少価値のある物件を購入するべきです。

これが自家用車を買うというのであれば、スペックと価格を比較検討してコストパフォーマンスの高いほうを買うというのもいいですが、住宅の場合はコスパよりもレアユニットのような希少価値のある物件にこそ将来プレミアムがつくのであり、予算が許せるのならこういう希少物件に投資

〔図表98　グランドパークビューの１ベッドルームユニット〕

するのが王道です。

実際、筆者の買った部屋は価格は一番高かったものの、インテリアに鏡を多用して室内を広く見せ、しかも収納やソファもデベロッパーオプションのビルトインのものだったので、明らかに見た目がすっきりしていました。

ちょうど筆者のと同じデベロッパーオプションのビルトインキャビネットで鏡を多用したユニットが最近リノベーションされて賃貸で出ていたので、その写真を図表98で添付しましたが、これくらいリノベーションすれば、多分、４００万バーツ前後で売れると思います。

もっとも、筆者のユニットは売却時まで11年間リノベーションをしておらず、色調も当初のオークウッド調のダークなままでこんなにきれいではありませんでしたが…。

次に費用面についてですが、タイでは諸外国と同じでコミッションは売主が払うので不要でした。実際、筆者は日系業者を介して買ったのですが、当時は日系業者もタイの商習慣に従い、買主からはコミッションを取らないでやっていたわけです。

もっとも、売主が３％から５％のコミッションを価格に上乗せするか、エージェントが勝手に自分の欲しいだけのコミッションを上乗せしたりもするので、片手商売とはいっても実際には買主も払っていることになりますが…。そういうこともあって、タイではエージェントなしの個人間売買が多いのです。

さらに、当時は国内の政治的内乱等で不動産市場が低迷していた時期でもあり、政府による時限立法で２％の移転税も免除されていたので、その他費用はほとんどかかりませんでした。

今なら４００万バーツ以上の物件を買う

ところで、物件購入に関してもう１つアドバイスがあります。それは、日本人投資家は金額にして３００万バーツ、日本円で１，０００万円以下の物件は買わないほうがいいということです。筆者自身が９００万円台の物件を買っておきながら矛盾すると思われるかもしれませんが、９年前の当時に比べて市場全体の物件価格がかなり上がったし、為替レートも円安になり、１，０００万円では３００万バーツにも届きません。

それに、筆者もこの物件を買ってみて思ったのですが、当時からあった１ベッドルームの供給過剰による空室リスクや、購入に至るまでの手間暇等を考慮すると、非常に投資効率が悪いのです。

したがって、いくらその街が好きで思い入れがあるといっても、結局大して儲からないし、下手をするとキャピタルロス（損切り）になるリスクもあるので、もう少し資金が増えるまで我慢してもっと大きな部屋が買えるまで購入を見送ったほうがいいと思います。

また、当時に比べると今はバンコクのコンドミニアム価格がかなり上がってきているので、もう300万バーツではプラカノンやオンヌットといったフリンジでも食指の動く物件はほとんど見つからなくなってきています。

したがって、今なら少なくとも400万バーツ、1，500万円以上の予算がないと難しいと思います。

売買契約

さて、金額交渉が合意できたら次は英文の売買契約書、SPA (Sales and Purchase Agreement) の締結です。当時筆者は国際不動産投資ファンドのアセットマネジャーであったこともあり、ほぼ毎日のように英文の契約書やレポートを読む環境にいました。

したがって、売買契約書の内容チェックは当然自分でやったのですが、こちらの契約書があまりにも簡単でお粗末な内容なので不安になったほどです。

ただ、このことは知っておいて欲しいのですが、プレビルドでもリセールでもタイのSPAは内容が非常に単純で、素人でも簡単にチェックできます。これは英語だけでなく、タイ語でも契約書は非常に簡単です。というのも、タイでは我々が思っているほど契約社会ではなく、むしろ欧米のように最初からいろんなケースを想定して契約で細かく縛るのを避ける傾向があるからです。

問題が起こったら別途協議すればいいじゃないかという、我々から見たらちょっといい加減とも思える、いかにも南国的な考え方なのですが、実はむしろこのほうがいいのではないかとさえ筆者は思っています。

というのも、以前筆者が見たことがある欧米系エージェントが出してきた英文契約書などは、詳細にわたってこと細かく書いてあり、プロの機関投資家が読めばわかるのですが、クライアントである売主に有利になるようにドラフトしてありました。

タイの不動産エージェントは基本的に売主側に付くのでこれも仕方がないことだとは思いますが、筆者などはそれを読んで何か所も修正したくなったくらいで、こんなＳＰＡを素人の個人投資家に使うのはアンフェアだと思うし、それなら基本事項だけを取り決めたタイ式のシンプルな契約書のほうがフェアだと思います。

それに、機関投資家がやるようなオフィスビルとかコンドミニアム一棟全部の売買であれば、修繕計画の未履行、瑕疵担保責任の範囲、不履行に対する解約条件やペナルティ、不可抗力の定義などを巡っていつも売主と買主間で交渉決裂寸前の激しい攻防になるのですが、中古の区分所有権購入の場合はあまり神経質になる必要はないと思っています。

いずれにせよ、宅建業法のある日本と違い、タイの不動産エージェントは売主側につくため物件に重大な瑕疵があっても開示する義務がないし重要事項説明もしないので、不都合なことは隠して取引成立を優先すると思ってください。

したがって、中古物件の場合、買主はどうしてもある程度のリスクは避けて通れないのです。また、それだからこそタイではしっかり施工してくれ、アフターサービスもできているデベロッパーのブランドに大きな価値があるのです。

所有権移転登記

さて、最後は物件購入の締めくくりである土地局での決済と移転登記です。筆者は最初の決済引渡しのときにもシーナカリン通りにある土地局に日系業者と同行したし、その後もいくつかの物件売買をしましたが、業者任せにせず毎回必ず同行することにしています。

その理由は、安全なキャシアーズチェック（銀行振出小切手）とはいえ、売主側の不動産エージェントに購入代金を預けて全部任せるというのはやはり不安があったのもありますが、バンコクの土地局はまだ人手による事務処理が中心で、移転登記で時々ミスが起こることがあると聞いていたからです。

その例が、タイトルディード、タイ語でチャノートと呼ばれる権利証の名義記載ミスです。

実際に土地局に行ってみるとわかりますが、一階にある移転登記を行う部署は朝から申請をしに来た人で混雑していて、下手をすると申請は半日がかりになります。

こちらではCondo Exchange CenterやBaanfinder、Prakardなどを使って個人間直接売買が盛んに行われていて、たくさんの素人の人達も慣れない申請に来ているわけですから余計手続に手間取ります。

そこで怖いのは、何らかの理由で担当官が新オーナーの名前を間違って書いてしまうケースです。まだ土地局はコンピュータ化ができてないのか、担当官が権利証の裏に新オーナーの名前をペンで手書きしていくのですが、次々と回ってくる処理の中で、間違って別の人の名前を書いてしまうのかもしれません。特に外国人の名前はタイ文字で書きにくいのです。

したがって、確実に自分の名前が権利証の裏の最終オーナー欄に記載されていることを確認してから売主に代金決済の小切手を渡すべきだと思っています。一旦、支払いをしてしまえば売主に会うことは多分もう二度とないし、何か手違いがあっても協力してくれるとは限らないのですから。

そして、万が一自分の名前でなかった場合、その場で訂正してもらわなければなりません。もし間違ったままにしておくと、将来売るときになって、これ誰だ？　という厄介なことになりますから。

実は、筆者も一度だけこのミスに出くわしたことがありました。どう読んでも売主の日本人の名前とは違う名前がタイ文字で権利証に記載されているのです。結局、売主側エージェントが土地局に行って事情を説明し、過去のドキュメントをチェックしてもらい何とか訂正してもらえましたが、やはりこういうミスが起こるのかと再認識した次第です。

日本であれば司法書士が、アメリカならエスクローが確実に名義変更してくれるので本人が同行する必要は全くないのですが、タイではそんな信頼できる制度はなく、自分が土地局まで同行して万全を期すに越したことはないと筆者は考えています。

それと、直接売買で売主から直接購入する場合、手付金を払う前にも権利証の原本確認をするべきです。コピーを見せてもらっただけでは、たとえそこに売主の名前が所有権者として記載されていても、その後に他の人に譲渡されていたり、銀行の抵当に入っている可能性もあります。

したがって、売主が本当にその物件を売れる立場にあるのか確認するために、土地局まで行って調べるか、売主が権利証原本を持っている場合なら、それを自分の目で確認すべきなのです。コピーを見せられて信用してしまい、手付金を払ってしまったという手付金詐欺はよく聞く話ですから。

投資の「運用」

さて、引き渡しが終わったので、次は入居者募集です。一応、見て回った5つの1ベッドルームの中では一番内装に手をかけていたユニットを買ったので、テレビを液晶型に買い替えただけでそのまま賃貸に出せる状態でした。

海外不動産の場合、我々日本人が購入後にインテリアを自分でアレンジするとなると何日もかかるし、最初からそういう手間のかからない物件を買った方が余計な手間が省けます。

ところで、当時は筆者もまだ賃貸市場の様子がよくわかっていなかったので、とりあえず物件を紹介してくれた日系業者に入居者募集を依頼して帰国したのですが、結局、半年以上空室になりました。やはり、家主が日本に居て忙しくしていると、他の業者に頼むこともできずほったらかしにされてしまうものです。

それでもやっと、家賃２万バーツで日本人に貸せることになったので、そのときの表面利回りは７％強というところでした。しかし、何とか入居者がついたものの、この人も結局１年で退去となりました。

バンコクの賃貸借契約は１年が普通なのでこれも仕方がありません。さらに、こちらは日本と違って家具家電がフル装備（Fully Furnitured）された賃貸物件が主流で、入居者はわずかな私物を運ぶだけで簡単に引っ越しできます。

したがって、スタジオや１ベッドルームに投資する場合の問題点は、入居者が単身者の場合が多いので解約退去の回転が速く、結局空室期間が増えてしまいます。そして、これが嫌なら最初から単身者でなくファミリーの入居者需要が多い広い部屋に投資するべきなのです。

ただ、筆者の場合はその後まもなく、２０１１年の８月から筆者自身がアーリーリタイアしバンコクにロングステイするようになり、最終的に２０１６年の12月末まで5年半もここに住みました。ＣＢＤに家賃タダで住めたわけですから、結局は結果オーライということで買っておいてよかったと思っています。

入居者探しの方法

さて、ここでアドバイスですが、家賃が２万バーツ程度の物件ではコミッションが少ないので日系業者はあまり動いてくれません。だから最初から頼り切らないほうがいいです。

この家賃水準だといわゆるゲンサイと呼ばれる現地採用の日本人か、一人住まいのロングステイヤーが対象になりますが、いずれにせよ中途半端な家賃水準なのです。

そこで、これは実際に私が入居者をつけた方法ですが、むしろ、タイのローカル業者に依頼したほうが効果があります。

特に、グランドパークビューのように500ユニット以上もある大型プロジェクトの場合、ロビーで業者がデスクを出しているので、そこに鍵を渡して入居者募集を依頼すると全然確率が高くなります。これは日本と大きく違う点なのですが、家賃が2万バーツ以下の廉価な物件であれば、バンコクでは入居者は予め住みたいエリアを決めて、不動産屋など使わず自分でコンドミニアムやアパートに飛び込んで部屋を探す人がたくさんいます。

そこでロビーでデスクを構える館内エージェントかジュリスティック（管理会社）がオーナーに代わって空いている部屋を案内するのが一般的です。また、これは売買の場合でも同じです。

筆者もこうやって入居者募集を館内エージェントに依頼したところ、間もなく日系企業の現地採用で働く日本人女性が入居してくれました。そして、彼女もグランドパークビューに飛び込みで部屋を探しにやってきたのでした。

日本だと家賃がわずか3万円くらいの物件でも、部屋を探す人はほぼ確実に不動産屋で部屋をさがしますが、路面店や駅前不動産屋がないバンコクでは、入居者自らが物件に飛び込んで部屋探しをするのが普通であり、家賃が2万バーツ以下の1ベッドルームのオーナーは、日系不動産屋に頼らず今後は入居者募集の方法を根本から見直すべきだと思います。

ただし、この場合はかなりの確率で入居者は日本人以外ということになるので、どうしても日本人に貸したいのであれば、なかなか難しいですが…。

投資の「出口」

ということで、いよいよ売却の話です。筆者はこのグランドパークビューに5年半住んだ後、２０１６年12月下旬にもっと広いユニットに引越しました。

新居は２０１２年のプリセールで買ったオンヌット駅前のプロジェクト、Qハウス・スクムビット79です。この物件は、当初は賃貸して家賃収入を得る投資目的の購入でした。

２０１４年9月に竣工引渡しを受け、家具等を設置して賃貸できるようになったのがその年の年末でしたが、２０１５年3月から日本人駐在員に賃貸していました。

その後、入居者が退去したのですが、筆者も雑誌の連載やブログ更新等で忙しくなっていたこともあり、自宅でも書斎が欲しいと思っていたところで、この間取り図にある小さいほうのセカンドベッドルームを書斎にしてオーナーオキュパイアーとして自己居住で住むことにしたわけです。

毎日書斎に座って見る眺めは、駅前でありながら小高い丘の上にでも住んでいるような解放感があり満足していますが、バンコクでハイライズを買う場合、どうして方角より眺望に価値があるの

〔図表 99　Qハウス　スクムビット７９〕

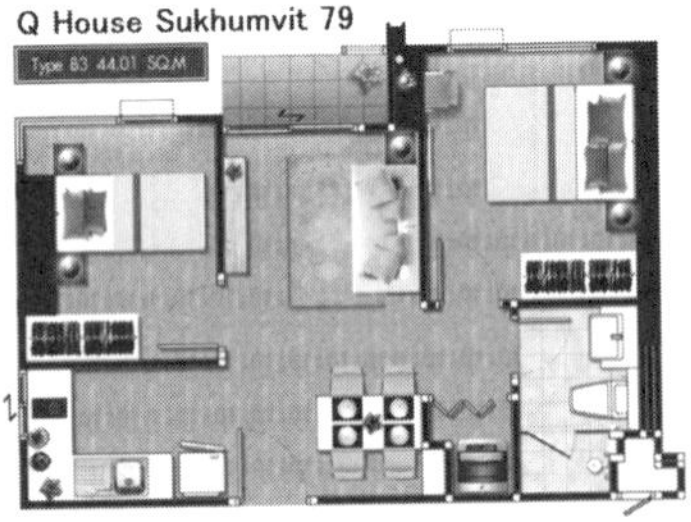

かがこれでわかると思います。

ちなみにこの物件は、ほぼ最上階にある44㎡の開口部の広い角部屋で、購入価格は同プロジェクトの平均価格よりちょっと高めの１１４，０００バーツ／㎡で５００万バーツほどでした。

このプロジェクトは、当時のオンヌットにしてはちょっと割高な価格設定であったものの、やはりクオリティハウスというデベロッパーのブランド価値、信頼価値を重視して買ったものです。

これについては、その翌年、現地の住宅評価サイトであるThink of Livingが選ぶ年間ベストプロジェクトの1つに入ったので、プロジェクトの選択は間違ってなかったと思います。

不動産エージェントに売却依頼

さて、話を戻しますが、引っ越した以上、グランドパークビューを空室のまま置いていても仕方がありません。最初はもうしばらく保有して賃貸することも考えたのですが、それにはかなりのリフォームが必要だし、ちょうどこの頃、第5章6項で書いた図表85の２つのユニットを統合した１ベッドルームを買ったところだったこともあり、やはり売却することにしました。

といっても、オンヌットへ引っ越してすぐ正月になり、日本への帰省と引き続いての日本国内セミナーツアーがあったので、実際にグランドパークビューのロビーにデスクを置く館内エージェントに鍵を渡して売却を依頼したのは、バンコクに戻ってきた２０１７年1月中旬でした。

アスキングプライスについてはヒップフラット等の不動産情報サイトで調べたのですが、同じよ

〔図表100　グランドパークビューのアスキング価格データ〕

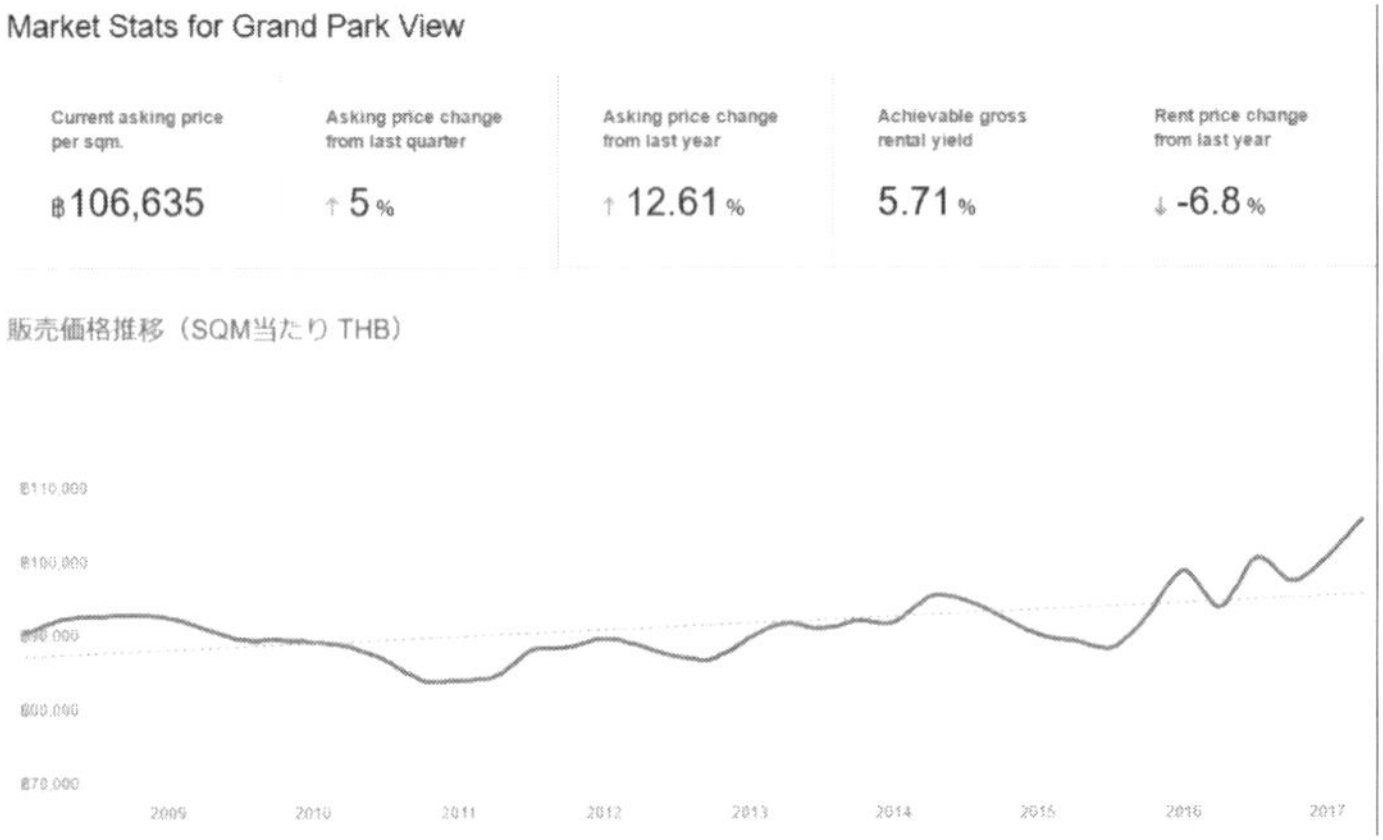

うな１ベッドルームの売物件がほとんど出ておらず、３８０万バーツで１つ出ているだけでした。後は、ほとんど実在しない客を釣るための囮物件です。Prakardでも賃貸募集は結構出ていましたが、１ベッドルームの売物件は見つかりませんでした。

ただ、この３８０万バーツの売物件は大分前にも見たことがあったので、この値段では売れないだろうという感覚はありました。

図表１００は、当時のヒップフラットのグラフですが、１ベッドルームだけでなくプロジェクト全体の平均アスキングプライスが１０６，６３５バーツ／㎡であり、実勢価格は10万バーツ／㎡程度だろうとあたりをつけました。

一方で、11年間リノベーションをしておらず、大分内装もくたびれてきた物件だし、新しく買った物件のダウンペイメントの支払いに充てたいという懐事情もあり、ベストプライスのつもりで３５０万バーツ、９７，０００バーツ／㎡で売り出すことにしました。

その後、このエージェントを通して2件の問い合わせがあったのですが、値引要求幅が大きいのと書面でなく口頭による打診程度だったので辞退し、カウンターオファーも出さずに無視していました。

そうしているうちに、5万バーツの手付金を添えて書面で買い付けが入ったと館内エージェントから連絡があったのは、私が次のセミナーで日本に帰っていた3月上旬のことでした。

それも値引きなしの３５０万バーツでオファーが入ったとのことで、内心、ちょっと安く出し過ぎたか、と後悔したりもしたのですが、もう後の祭りで仕方がありません。

もっとも、この業者は買主に、これまで問い合わせがあってもこの日本人オーナーは全然値引きしない、というようなことを吹き込んだようで、これが返って功を奏して余計な値引交渉をされなくて済んだのかもしれませんが…。

引渡しと決済手順

そして、約1か月後、無事、買主の銀行ローンの与信が降りたとの連絡があり、買主と買主に住宅ローンを出す銀行、筆者のエージェント、そして売主である筆者の４者が土地局に集まり、決裁と移転登記をしたのが４月末でした。

ここで土地局に買主側の銀行まで一緒についてきていることに違和感を感じる人もいるかもしれないので、説明しておきます。

日本であれば保存登記や移転登記（注：保存登記とは竣工した新築物件に初めて所有権者を登記することをいいますが、タイは最初の所有権者がデベロッパーなので、移転登記というほうが正しいと思います）だけでなく、抵当権設定登記も司法書士がやってくれるので、法務局には当事者は誰も行かなくてすむのですが、タイは違います。

タイでは新築物件の移転登記の場合はデベロッパーに委任することも一般的で、また、中古物件の移転登記の場合は不動産エージェントに委任する場合もあります。

ただし、直接売買の場合は不動産エージェントもいないので、当事者が全員土地局に集合して決済するケースが多いのです。

筆者の場合は売主なので、自分のエージェントがいたわけですが、売却代金の銀行振出小切手をエージェントに一時的にでも預けたくなかったので、一緒に土地局に同行しました。

ところで、日本の権利証では抵当権や質権設定の有無がわからないので、登記簿謄本をチェックすることになるのですが、これは経験者でないと読んでもなかなか詳しい内容がわからないものです。

その点、タイは簡単で権利証の裏を見ればすぐわかります。つまり、ローンを出した銀行が抵当権者の場合、その銀行の名前が所有権者の欄に記載され、借金を完済した場合のみ、本来の所有者が所有権者として権利証に記載されるのです。

ところで、我々外国人がコンドミニアムを購入する場合には法律上海外から送金された資金でしか買えないというルールがあるので、権利証に抵当権者が載ることはありません。

今回の場合、銀行は売主である筆者の名前が権利証原本に載っていることと、引渡し後に自分たちの銀行名義で移転登記されたことを確認してから、筆者に銀行振出小切手を手渡し、その権利証原本を持って帰ってしまいました。つまり、買主のタイ人はローンを返し終わるまで権利証は手元に残らないのです。

タイ人アッパーミドルが買うＣＢＤの物件は売れ足が速い

ところで、土地局で待つ間に買主とちょっと話したのですが、この人はグランドパークビューから徒歩数分のところにあるＫ銀行に勤める30代後半のタイ人男性で、典型的アッパーミドルクラスでした。

聞くとシーロムにも１つ１ベッドルームの投資物件を持ってるそうで、こういう手頃なＣＢＤの投資物件をもう１つ探していたとのこと。それで、偶然、会社の帰りにグランドパークビューに立ち寄り、何かいい物件が出てないかロビーの館内エージェントに聞いたところ、筆者の物件に案内されたとのことでした。

ただし、筆者の物件についてはこれからリフォームして自分で住むそうで、ここに移れば彼の通勤時間は今後徒歩3分になるそうです。いくら職住接近といっても日本人ならさすがに近すぎて嫌がるかもしれませんが、この辺がタイと日本との職住接近に対する考え方の違いです。

いずれにせよ、今回の売却事例からわかるのは、やはりCBDの手頃な広さの中古物件は、価格さえ欲張らなければ「出口」でのエグジットはそれほど難しくないということです。

投資のリターン

さて、こうやって2009年6月に投資して2017年4月末に無事エグジットできたわけですが、自分の住んでいた5年半はこの物件の今の市場家賃である18,000バーツで貸していたと想定した上で、管理費、3%のエージェントコミッション、源泉徴収税等の諸税（注：投資期間が5年以上なので、特定事業税はゼロ）すべての経費を差し引いたネットキャッシュフローを基にIRRを走らせると7%強という結果でした。

これをもっと簡単にわかりやすくいうと、約8年間、年間利回りが7%で運用できたということになります。

さらに、購入時の為替レート、1バーツ2・8円と売ったときのレート、3・2円との為替益をキャッシュフローで反映した円ベースでのIRRは9・2%に上昇しました。やはり、海外不動産投資で為替の威力は大きいということです。

結論として、バンコクで最初の投資であり、また一度もリフォームしてない築11年の古びた物件なので、この投資利回りであれば悪くはないと思います。欲をいえば、出口でもうちょっと時間をかけるつもりで370万バーツ位で価格設定していれば、あと10万バーツぐらい高く売れたかもしれません。

それとプリセールで当初250万バーツだった物件を330万バーツで買ったところで、売主に利ザヤを取られ過ぎています。当時、300万バーツで売りに出ていた物件もあったので、もうちょっと安く買えていたのかもしれません。

まあ、反省点はいろいろありますが、大したデューディリジェンスもせず、バンコクの街がとにかく気に入ったというだけで気まぐれに始めた最初の投資であったこともあり、少なくとも出口まで来られていい経験ができたと思っています。

一方、バンコクに移り住んで不動産市場動向がある程度わかってから、本気でこれはいけると思って投資したオンヌットのQハウスの筆者のユニットですが、既に3割から4割ほど値上がりしているので、次回はもっと高いIRRが出せるのではないかと期待しています。

ボリュームゾーンにある要注目プロジェクト

最後に、第6章4項で解説した今の外国人投資家のボリュームゾーンである400万バーツ～800万バーツ（1，400万円～2，800万円）の予算で45㎡前後のリセール物件が買え、筆者も注目している築浅プロジェクトを、各章扉のページに載せておきます。

著者略歴

藤澤　慎二（ふじさわ　しんじ）

香川県高松市出身。前職は、ドイツ銀行国際不動産投資ファンド、ＲＲＥＥＦのシニア・アセットマネジャーで米国公認会計士。それ以前は、日系不動産会社でロンドンに８年間駐在し、プレビルドやフォワード・ファンディングによるオフィスビル開発。

その後、ＧＥキャピタルで各種投資不動産のバリュー・クリエーション型アセットマネジメントを行ってきた。

2011年からバンコク在住。バンコクコンドミニアム市場で今起こっていること、これから起こること、買ってはいけないプロジェクトや効果的投資の実践方法について、ブログで情報発信中(http://condostory.blog.jp)。

また、日本でのバンコク不動産投資セミナーの講師や投資アドバイザーとしても活動中。

続・バンコク不動産投資　実践編

2018年５月23日　初版発行

著　者　藤澤　慎二 ©Shinji Fujisawa

発行人　森　　忠順

発行所　株式会社 セルバ出版
〒113-0034
東京都文京区湯島１丁目12番６号 高関ビル５Ｂ
☎ 03（5812）1178　FAX 03（5812）1188
http://www.seluba.co.jp/

発　売　株式会社 創英社／三省堂書店
〒101-0051
東京都千代田区神田神保町１丁目１番地
☎ 03（3291）2295　FAX 03（3292）7687

印刷・製本　モリモト印刷株式会社

Printed in JAPAN
ISBN978-4-86367-419-6